THE McKINSEY WAY

세계 최고 컨설팅회사
맥킨지의 문제해결 방식

맥킨지는
일하는 방식이 다르다

THE McKINSEY WAY
Using the Techniques of the World's Top Strategic Consultants
to Help You and Your Business

BY ETHAN M. RASIEL

Copyright © 1999 by Ethan M. Rasiel
Translation Copyright © 1999 by Gimm-Young Publishers, Inc.
All rights reserved.

The Korean language edition is published by arrangement with McGraw-Hill.

THE McKINSEY WAY

세계 최고 컨설팅회사
맥킨지의 문제해결 방식

맥킨지는
일하는 방식이 다르다

에단 라지엘 지음 / 이승주·이창현 옮김

김영사

맥킨지는 일하는 방식이 다르다

저자 에단 라지엘
역자 이승주·이창현

1판 1쇄 발행 1999. 11. 15.
1판 47쇄 발행 2025. 2. 20.

발행인 박강휘
발행처 김영사
등록 1979년 5월 17일(제406-2003-036호)
주소 경기도 파주시 문발로 197(문발동) 우편번호 10881
전화 마케팅부 031)955-3100, 편집부 031)955-3200 | 팩스 031)955-3111

이 책의 한국어판 저작권은 McGraw-Hill과의
독점저작권 계약에 의해 김영사에 있습니다. 한국 내에서
보호를 받는 저작물이므로 무단 전재와 무단 복제를 금합니다.

값은 뒤표지에 있습니다.
ISBN 978-89-349-0448-9 03320

홈페이지 www.gimmyoung.com   블로그 blog.naver.com/gybook
인스타그램 instagram.com/gimmyoung   이메일 bestbook@gimmyoung.com

좋은 독자가 좋은 책을 만듭니다.
김영사는 독자 여러분의 의견에 항상 귀 기울이고 있습니다.

맥킨지 사람들이 배운 이 교훈들은
당신의 조직에서도 강력한 효과를 발휘할 것이다

옮긴이의 말

　최근 우리나라에서는 기업구조조정 및 경영혁신이 활발히 진행되면서 경영컨설팅에 대한 수요가 급증하고 있다. 경영컨설팅은 기업이 직면하고 있는 제반 문제점을 객관적인 관점에서 진단하고 기업의 경영성과를 개선하기 위한 각종 해결방안을 제공하는 전문적인 서비스를 말한다. 1920년경 미국에서 시작된 경영컨설팅 산업은 오늘날에는 전세계적으로 확산되고 있으며, 젊은 인재들이 가장 선호하는 인기 직장이 되고 있다. 맥킨지, BCG, 앤더슨 등 세계 유수 컨설팅회사들은 다양한 선진 경영기법과 고도의 전문인력, 그리고 이를 뒷받침하는 범세계적인 정보·지식 네트워크를 통해 높은 부가가치를 창출하고 있다.

　이 책은 세계 컨설팅회사 중 최고의 명성과 권위를 자랑하는 맥킨지를 집중적으로 조명하고 있다. 이 책의 저자인 에단 라지엘(Ethan M. Rasiel)은 맥킨지 뉴욕 사무소에서 3년간(1989~1992) 컨설턴트로 근무하면서 경험한 맥킨지의 독특한 업무 방식과 운영원칙을 상세하게 설명하고 있다. 이 책은 일반인들이 쉽게 접근할 수 없는 맥킨지의 내부상황과 맥킨지 컨설턴트의 생활양식을 생생하게 보여주는 책으로서는 처음이다.

이 책은 맥킨지를 우상화하거나 미화하는 홍보책자가 아니다. 저자는 맥킨지를 떠난 사람으로서 과거 맥킨지에서의 경험을 객관적이고 균형있게 기술하였다. 그리고 비밀스럽기로 유명한 맥킨지에서 얻은 소중한 경험을 보다 많은 사람들과 공유함으로써 뭔가 사회에 기여하고자 하는 소박한 마음이 엿보인다. 그런 의미에서 이 책은 사회 각 분야에서 열심히 뛰고 있는 직장인, 경영자, 그리고 앞으로 컨설턴트가 되고자 하는 모든 사람들에게 많은 시사점을 주리라 생각한다.

1부에서는 맥킨지 컨설턴트들이 기업의 문제를 어떻게 해결하는가를 설명하고 있다. 맥킨지에서 문제해결 능력은 컨설턴트에게 요구되는 가장 중요한 지침이다. 문제해결 능력은 현상에 대한 냉철한 분석과 비즈니스 판단력이 요구되는데, 공부를 많이 했거나 지식이 많다고 잘하는 것이 아니다. 맥킨지에서 문제해결은 철저한 사실(fact)에 입각한 분석, MECE 원칙에 입각한 구소화(structured) 된 사고, 그리고 가설(hypothesis)의 수립과 철저한 검증과정을 통해 이루어진다. 아무리 어렵고 복잡한 문제라도 이 세 가지 기본원칙에 충실할 때, 문제를 해결할 수 있다는 것이 맥킨지 사람들의 신념이다.

2부에서는 맥킨지 컨설턴트들이 실제 프로젝트를 수행하는 과정에서 활용하는 각종 기법과 원칙들을 설명하고 있다. 예컨대 맥킨지 파트너들이 영업활동을 하지 않으면서 프로젝트를 어떻게 수주하는지, 그리고 프로젝트에 투입되는 컨설팅팀을 어떻게 구성하고 팀워크를 유지하는지를 설명한다. 그리고 실제 작업과정에서 컨설턴트들이 필요한 각종 자료를 어떻게 효율적으로 수집하고, 인터뷰 및 팀 브레인스토밍을 통해 새로운 아이디어를 어떻게 창출하는지를 살펴본다.

3부에서는 맥킨지의 독특한 커뮤니케이션 방식에 대해 설명한다. 맥킨지에서는 효과적인 커뮤니케이션을 매우 중요시한다. 아무리 좋은 내용의 보고서가 나와도 그것이 고객에 의해 수용되고 실행되지 않으면 의미가 없기 때문이다. 여기서는 맥킨지 컨설턴트들이 간결한 차트와 구조화된 메시지를 통해 프리젠테이션 효과를 어떻게 극대화하는가를 볼 수 있다. 그리고 고객 팀과의 긴밀한 협조 및 조직 내에서의 계속적인 정보의 흐름과 효율적인 커뮤니케이션을 통해 팀의 역량을 극대화하는 방법을 보게 된다.

4부에서는 맥킨지의 바쁜 일정 속에서 저자가 터득한 몇 가지 생존비결을 유머 있게 제시하고 있다. 또한 맥킨지에 입사하기 위해 통과해야 하는 신입사원 채용 인터뷰의 몇 가지 성공 비결들을 밝히고 있다. 마지막으로 5부에서는 맥킨지를 거쳐 각계 분야에서 활동하고 있는 맥킨지 동창생들이 회사에서 느낀 점, 그리고 맥킨지에서 배운 교훈들을 수록하였다.

아무쪼록 이 책이 21세기 새로운 도약을 위해 열심히 뛰고 있는 우리나라 기업인과 경영컨설팅에 관심이 있는 모든 분들에게 보탬이 되었으면 한다. 끝으로 본서의 국내 출판을 맡아준 김영사 박은주 사장님과 좀더 나은 책을 만들기 위해 애써 주신 편집부 여러분들에게 깊은 감사를 드린다.

1999년 11월
이승주

차례

옮긴이의 말
머리말

1부 맥킨지의 문제해결 방식

1. 해결책을 만들어낸다 · 21
2. 접근방식을 개발한다 · 35
3. 80대20과 그 밖의 주요 원칙 · 53

2부 맥킨지의 업무수행 방식

4. 프로젝트 수주 · 77
5. 팀을 구성한다 · 85
6. 계층구조의 관리 · 95
7. 연구·조사를 하는 법 · 101
8. 인터뷰를 하는 방법 · 107
9. 브레인스토밍 · 127

3부 맥킨지의 커뮤니케이션 방식

10. 프리젠테이션을 준비하는 법 · 139
11. 차트를 이용한 자료 제시 · 147
12. 조직 내 커뮤니케이션을 다루는 법 · 155
13. 고객과 함께 일하기 · 163

4부 맥킨지에서 살아남기

14. 자신의 후견인을 발견하라 · 179
15. 출장 여행을 이겨내는 법 · 183
16. 출장 갈 때 꼭 필요한 세 가지 아이템 · 189
17. 좋은 비서는 생명선이다 · 193
18. 맥킨지 방식의 직원 선발 · 197
19. 삶을 원한다면 몇 가지 규칙을 세워라 · 203

5부 맥킨지 이후의 삶

20. 가장 소중한 교훈 · 209
21. 맥킨지에 대한 회상 · 215

머리말

이 책을 반드시 처음부터 끝까지 읽을 필요는 없다. 정독을 하고 싶다면 그렇게 해도 좋다. 하지만, 차례를 보고 마음에 드는 부분부터 골라 읽어도 좋다.

맥킨지에 대하여

맥킨지를 잘 모르는 독자들을 위해 몇 가지 기본적인 사항을 소개한다. 1923년에 설립된 이후, 맥킨지는 세계적으로 가장 성공적인 경영 컨설팅회사가 되었다. 맥킨지는 현재 전세계에 75개의 지사를 갖고 있고 4,500여 명의 전문 인력을 보유하고 있다. 이 회사가 세계에서 가장 큰 컨설팅회사는 아닐지 모르지만 가장 권위 있는 회사인 것은 분명하다. 맥킨지는 〈포춘(Fortune)〉 선정 세계 100대 기업 대부분의 자문을 맡고 있으며 미국 및 외국의 정부기관에도 컨설팅 서비스를 제공하고 있다. 맥킨지는 국제 비즈니스 사회에서 통용되는 하나의 브랜드 네임이다.

맥킨지의 몇몇 선임 파트너늘은 세계적인 유명 인사의 지위에 올랐다. 로웰 브라이언(Lowell Bryan)은 미국의 금융기관들이 위기에 처했을 때 상원 은행위원회의 자문을 담당했고, 게니치 오마에(Kenichi Ohmae)는 (최근 회사를 그만둔 후에) 경영학과 미래학에 관한 책을 써서 일본에서 베스트셀러 작가가 되었다. 허브

헨즐러(Herb Henzler)는 기업과 경제 문제에 대해 독일의 헬무트 콜 전 총리에게 자문을 하였다. 맥킨지를 거쳐간 '동창(alumni)'들의 활약은 더 두드러지는데, 그들은 전세계에서 지도자급 인물이 되었다. 몇몇만을 언급하자면, 경영의 귀재이자 《탁월함을 찾아서(In Search of Excellence)》의 공동 저자인 톰 피터스(Tom Peters), 아메리칸 익스프레스 사장 하비 골럽(Harvey Golub), 그리고 영국경제인연합회 회장 아데어 터너(Adair Turner) 같은 사람들을 들 수 있다.

맥킨지는 최고의 위치를 유지하기 위해 (그리고 높은 컨설팅 수입을 올리기 위해) 매년 최고의 경영대학원 졸업생들을 찾아 나선다. 이 회사는 높은 보수와 능력위주의 빠른 승진 가능성, 그리고 업계 최고의 인재들과 함께 일할 기회를 제시하며 그들을 유혹한다. 그 대가로 맥킨지가 요구하는 것은 고객에 대한 완전한 헌신과 몇 주 또는 몇 달 동안 집과 가족들로부터 떨어져 지내야 하는 혹독한 업무 일정, 그리고 최고 수준의 업무 능력이다. 이런 기준에 맞는 사람들은 맥킨지 내에서 빠른 승진을 할 수 있다. 반면에 기준에 미달하는 사람들은 회사의 엄격한 인사 방침에 따라 탈락하게 된다.

우수한 조직들이 대개 그렇듯이 이 회사에도 공유된 가치와 경험에 기반한 강한 기업문화가 있다. 맥킨지인(McKinsey-ite)은 모두 똑같이 고된 훈련 과정을 거치며, 밤늦게까지 계속되는 근무 시간으로 고생한다. 외부인들은 이것을 보고 맥킨지가 삭막한 조직이라고 생각할 수도 있다(실제로도 최근 어떤 책은 맥킨지가 엄격한 금욕과 청빈 생활을 하는 예수회와 비슷한 조직이라고 얘기했다).

그러나 알고 보면 맥킨지는 매우 인간적인 회사이다.

이 회사에는 나름대로의 독특한 언어가 있다. 그리고 이것들은 대개 약자로 되어 있다. 이를테면 EM, ED, DCS, ITP, ELT, 혹은 BPR 등이다. 맥킨지인들은 자신들의 업무 또는 프로젝트를 '인게이지먼트(engagement)'라고 부른다. 어떤 프로젝트를 맡을 때 맥킨지 팀은 '핵심 요인(key driver)'을 찾아 '부가가치(add value)'를 창출한다. 대부분의 은어처럼 이들도 대개는 언어적인 표현이지만, 그중 일부는 제대로 이해하면 외부인들도 큰 도움을 받을 수 있다.

강한 조직들이 그러하듯이, 맥킨지도 복합적인 조직이다. 이 책을 통해서 맥킨지 신화의 베일을 조금이나마 걷어올리고, 성공적인 조직의 내부 상황을 일견하는 기회를 얻을 수 있기 바란다.

이 책에 대하여

이 책은 모두 5부로 구성되어 있다. 앞의 3부는 맥킨지 사람들이 기업이 직면하고 있는 문제들을 어떻게 접근하는지, 그리고 어떻게 그것을 해결하는가를 설명한다. 1부에서 3부까지가 이 책의 핵심이다. 이 부분을 통해 당신이 일에 도움이 될 수 있는 무언가 새로운 것을 발견하기 바란다. 이 책의 4부에는 맥킨지 사람들이 회사 생활에서 겪는 스트레스를 극복하는 과정에서 터득한 몇 가지 교훈이 담겨 있다. 지금 비즈니스 세계에서 열심히 일하고 있는 사람이라면 무언가 유익한 것, 아니면 적어도 흥미로운 것을 발견할 수 있을 것이다. 마지막으로 5부에서는 맥킨지에서 배운 몇 가지 교훈을 소개하고 맥킨지 시절에 대한 여러 사람의 회상을 나누고자 한다.

나는 기업경영에서 보다 효과적이고 효율적이고 싶어하는 모든 사람들에게 새롭고 유익한 기법을 전달한다는 목표를 갖고 이 책을 썼다. 사실에 근거한 체계적인 방식으로 비즈니스 문제를 해결하는 방식을 배우고자 하는 사람은 누구나 이 책에서 그 해답을 발견할 것이다. 그리고 정글과 같은 오늘날의 비즈니스 세계에서 생존하기 위한 조언을 구하고자 한다면 맥킨지 방식에서 도움을 받을 수 있다.

아울러 이 책은 (맥킨지뿐만 아니라 다른 회사들의) 컨설턴트들과 기업 경영자들에게 그 별난 사람들이 어떤 식으로 사고를 하는지에 대해 나름대로의 안목을 제공할 것이다. 물론 각각의 컨설팅회사마다 고유의 방식이 있기는 하다. 하지만 모든 컨설팅의 요체는 냉철한 외부인들의 객관적인 분석을 활용하는 것이다. 다른 컨설팅회사들은 맥킨지 방식대로 일하지 않을 수도 있지만, 그 기본적인 사고 방식은 맥킨지인들과 비슷하다고 본다.

이 책은 내가 3년 동안(1989~1992) 맥킨지에서 일한 경험에 근거하고 있다. 나는 그 시기에 아주 많은 것을 배웠다. 그러나 그것이 맥킨지 사람들의 성공 비결을 바깥 세상에 알리기에 충분하지는 못하다. 다행히도 나는 많은 사람들의 도움을 받을 수 있었다. 나는 수십 명의 전직 맥킨지 컨설턴트, 프로젝트 책임자, 그리고 파트너들과 인터뷰를 했다. 이들의 지식과 이들이 맥킨지에서 배운 여러 교훈들이 내 부족한 지식을 메우는 데 큰 도움을 주었다.

고객에 대하여

이 책에는 '고객(client)'이라는 말이 자주 나온다. 이 책은 내가 맥킨지의 관점에서 쓴 책이기 때문이다. 그래서 내가 말하는 고객의 의미는 기업 문제를 해결해 주는 조직이나 단체를 뜻한다. 당신이 경영 컨설턴트가 아니라면 당신이 비즈니스 문제와 씨름하고 있다고 해도 엄밀하게 말해서 고객은 없는 셈이다. 굳이 얘기하자면 당신이, 혹은 당신이 속한 조직이 고객이 된다. 이런 식으로 보면 '고객'이라는 개념은 당신이 조직의 구성원이건, 혹은 외부인이건 어느 경우에나 당신이 일하고 있는 조직에 적용될 수 있다. 또한 자신이 속한 조직을 고객으로 생각하면, 이 책에 나오는 기법들을 더 효과적으로 활용할 수 있을 것이다.

* * *

맥킨지의 가장 중요한 원칙 중의 하나는 비밀 보장과 유지이다. 이 회사는 비밀을 지키기 위해 애를 쓴다. 나 역시 다른 직원들처럼 회사와 고객들에 대한 대외비 정보를 회사를 떠난 후에도 절대로 공개하지 않겠다고 약속했다. 그리고 이제 와서 그 약속을 깨고 싶은 생각은 없다. 그래서 이 책에 실린 대부분의 기업과 사람들의 이름은 가명으로 되어 있다.

서두에서 말한 것처럼 이 책은 처음부터 끝까지 읽어도 좋고

상자에서 초콜릿을 빼먹듯이 선택적으로 읽어도 좋다. 어느 방식을 택하건 재미있고 유익한 내용이 되기를 바란다.

> **Associate** : 프로젝트를 수행하는 컨설턴트들을 가리킨다. 보통 MBA 학위를 가지고 있으며 파트너가 아닌 모든 컨설턴트들을 가리키는 말로 통용되기도 한다.
>
> **EM(Engagement Manager)** : 프로젝트 관리자. 보통 3~5명으로 이루어진 프로젝트팀을 이끌며 프로젝트 전반의 진행과 관리를 책임진다.
>
> **SEM(Senior Engagement Manager)** : 선임 프로젝트 관리자. 복수의 프로젝트를 담당하고 고객관리에도 신경을 쓴다. 이들은 보수만 적을 뿐 파트너와 같은 양의 일을 한다.
>
> **ED(Engagement Director)** : 프로젝트 총 책임자. 복수의 프로젝트에 대해 SEM을 지도하며 회사의 지분을 가지고 있는 파트너(Partner)들을 가리킨다.
>
> **Partner** : 파트너. 일정 소유 지분을 가지고 경영에 참여하면서 컨설팅 프로젝트를 지도하는 고위 컨설턴트.
>
> **DCS(Director of Client Service)** : 고객관리 책임자. 특정 고객을 담당하여 진행 중인 프로젝트에 대해 고객의 이슈를 파악하고 총괄적인 고객관리를 하는 파트너급의 컨설턴트.

1부

맥킨지의
문제해결 방식

맥킨지는 기업의 문제를 해결하기 위해 존재한다. 맥킨지에서 성공하는 컨설턴트는 문제해결을 좋아한다. 전에 EM으로 일했던 어떤 사람은 이렇게 얘기했다.

문제해결이란 당신이 맥킨지에서 하는 어떤 일이 아니다. 그것은 당신이 맥킨지에서 하는 일 그 자체이다. 당신은 모든 일에 대해 더 좋은 방식이 있다는 생각으로 접근한다. 당신은 끊임없이 다음과 같은 질문을 던진다. '왜 이것은 이런 식으로 되는가? 이것이 최적의 방식으로 처리되는 것인가?' 당신은 모든 일에 대해 근본적으로 회의적인 자세를 취해야 하는 것이다.

1부에서는 맥킨지인들이 비즈니스 문제에 어떻게 접근하는가를 설명한다. 사실에 근거한, 구조화된, 그리고 가설에 의한 접근 방식이 무엇인가를 보여준다. 이것이 맥킨지에서 문제를 해결하는 방식이다. 1부에서는 이 방식을 소개하고 문제해결에 필요한 몇 가지 중요한 원칙을 제공한다.

1
해결책을 만들어낸다

맥킨지에서 문제해결 과정은 세 개의 주요한 요인들로 이루어진다. 고객의 문제를 해결하기 위해 팀원들이 처음으로 모임을 가질 때, 이들은 다음과 같은 방식으로 해결책을 도모한다.

- 사실에 근거한다(Fact-based)
- 구조화한다(Rigidly structured)
- 가설을 수립하고 접근한다(Hypothesis-driven)*

이번 장에서는 이것들의 정확한 의미가 무엇인지, 그리고 이것들을 어떻게 활용하는지를 배울 것이다.

---

* 맥킨지에서는 3이라는 숫자가 매직 넘버이다. 이 회사에서는 늘 3이라는 숫자를 애용한다. 여기서도 3단계로 되어 있음을 확인하라. 맥킨지인에게 복잡한 문제를 질문하면, 대개는 다음과 같은 답이 나올 것이다. "그 이유로는 세 가지가 있습니다…." 그리고 (나중에 보게 되지만) 맥킨지의 컨설턴트들은 3개의 위계 속에서 일을 한다. 즉, 중요한 순서대로 고객, 회사, 그리고 자신이다.

사실을 중시하라

사실은 우리가 해결책을 찾고 그것을 뒷받침하기 위한 기초 자료이다. 사실을 두려워 하지 말아라.

맥킨지의 문제해결은 사실에서 시작한다. 프로젝트가 발생한 첫날, 맥킨지의 팀원들은 문제의 본질을 잘 파악할 수 있는 충분한 사실들을 수집하기 위해 각종 자료들을 샅샅이 수집하고, 첫 회의를 준비한다. 문제해결을 위한 초기가설을 세운 후에, 맥킨지의 팀원들은 즉시 필요한 사실들을 모아 (적절한 분석을 거친 후에) 가설을 검증하거나 기각한다.

맥킨지에 입사하면 사실 수집과 분석은 가장 중요한 활동 중의 하나가 된다. 전에 SEM으로 일했던 한 사람의 말을 들어보자.

맥킨지의 문제해결 과정은 결국, 매우 신중하고 체계적인 분석과 자료수집을 위한 적극적인 자세로 대변됩니다.

맥킨지의 업무 방식에서 사실이 왜 그렇게도 중요한가? 거기에는 두 가지 이유가 있다. 첫째, 사실은 육감(gut instinct)의 한계를 보충한다(2장의 "…그러나 고객들은 모두 독특하다"를 참고).

대부분의 맥킨지인들은 제너럴리스트(generalist)들이다. 이들은 만물박사처럼 다양한 것에 대해 조금씩 알고 있다. 물론 경험을 쌓고 지위가 높아지면 다양한 것에 대해 많은 것을 알게 될 수도 있다. 그러나 이 단계에서도 특정한 분야, 이를테면 부패하기 쉬운 음식물의 재고관리 기술에 대해서는, 10년 동안 해당 회사의 유통 분야에서 일을 한 사람들보다 아는 것이 적을 것이다. 식품회사의 직원들은 육감으로 재고관리 문제의 해결책을 즉시 알아낼 수도 있다(물론 이 경우에도 사실을 확인하는 것이 현명할 것이다). 반면에 맥킨지인들은 먼저 사실부터 수집한다.

둘째, 사실은 신뢰감을 형성한다. 맥킨지의 직원은 처음 입사할 때 (적어도 미국에서는) 대학을 최상위권으로 졸업한 뒤 2, 3년 동안 대기업에서 일을 하고, 그런 후에 명문 경영대학원에서 MBA를 받았을 것이다. 그리고 나이는 20대 중반에서 후반일 것이다. 이런 상태에서 맡은 첫 프로젝트에서 이들은 〈포춘〉 선정 50대 기업의 경영자에게 분석 내용을 제시해야 할지도 모른다. 이와 같은 대기업의 경영자가 풋내기 컨설턴트의 말을 무시할 수도 있다. 이들에게 신뢰감을 주려면 엄청난 양의 사실 제시로 자신들의 주장을 뒷받침해야 한다. 이 점은 회사의 중견 간부가 자신의 상사에게 어떤 제안을 할 때도 마찬가지로 적용된다.

사실이 갖는 힘에도 불구하고(혹은 그것 때문에) 비즈니스를 하는 많은 사람들이 사실을 두려워한다. 이들의 두려움은 사실을 알게 될 때 자신들이나 상사들이 그것을 싫어하게 될지도 모른다는 이유 때문일 것이다. 이들은 사실을 외면하면 골치 아픈 사실이 없어진다고 생각히는지도 모른다. 그러나 현실은 그렇지가 않다. 사실을 외면하면 실패를 자초하게 된다. 결국에는 진실이 드러나기 때문이다. 사실을 겁내지 말아야 한다. 사실을 찾고 활용하되, 그것을 두려워하지는 말라.

항상 'MECE'를 생각하라

문제의 해결을 위해 생각을 구조화하려면 혼란과 중복을 피하면서 전체를 볼 수 있어야 한다.

MECE는 '서로 배타적이면서, 부분의 합이 전체를 구성하는 (mutually exclusive, collectively exhaustive)' 것을 의미한다. 그리고 이것이 맥킨지의 문제해결 과정에서 선결 조건이다. 입사할 때부터 맥킨지 신입 컨설턴트들은 이 말을 귀가 따갑도록 듣는다. 맥킨지인이라면 모든 서류(내부 메모를 포함해서), 모든 제안, 모든 E-메일, 그리고 모든 음성 사서함을 MECE 원칙에 의해 처리해야 한다. 맥킨지 출신들에게 회사의 문제해결 방식 가운데 가장 기억에 남는 것이 무엇이냐고 물어 보라. 그러면 백이면 백 이렇게 대답할 것이다. "MECE, MECE, MECE."

MECE는 우리의 사고를 최대한의 명확성(따라서 최소한의 혼란)과 최대한의 완벽성으로 구조화시킨다. MECE는 문제를 구성하는 이슈(issue)들을 규정할 때 시작된다. 이슈들을 규정했다고 생각한 후에 잠시 곰곰이 생각해 보라. 각각의 이슈가 서로 구분되고 명확한 항목인가? 그렇다면 당신의 이슈 리스트는 '서로 배타적'이다. 문제의 모든 측면들이 그 이슈들의 어느 하나 (그리고 오직 하나) 밑에 들어 있는가? 다시 말해서 모든 것을 생각했는가? 그렇다면 당신의 이슈 리스트는 '전체적으로 포괄적 (collectively exhaustive)'이다.

가령 당신의 팀이 미국의 제조회사 애크미 상품(Acme Widget)

의 프로젝트를 맡았다고 생각해 보자. 이제 당신이 해결할 문제는 '우리는 더 많은 상품을 팔아야 한다'이다. 당신의 팀은 다음과 같은 방식들로 상품 판매를 늘리고자 할지도 모른다.

- 우리가 소매점들에 상품을 파는 방식을 바꾼다.
- 우리가 소비자들에게 마케팅 하는 방식을 개선한다.
- 우리 상품들의 단위 원가를 낮춘다.

이 목록이 다소 일반적으로 보여도 상관없다. 더 자세한 얘기는 곧 이어서 다루게 될 것이다. 중요한 것은 이 목록이 MECE하다는 점이다.

우리가 다른 항목을, 가령 '우리의 상품 생산과정을 재정비한다'라는 이슈를 추가한다고 생각해 보자. 이것이 방금 얘기한 세 가지 사항과 어떻게 들어맞는가? 이것은 틀림없이 중요한 주제이지만, 이것을 다른 것들과 함께 네 번째 사항으로 만들 수는 없다. 이것은 '단위 원가를 낮춘다' 밑에 들어가며, '유통 체계를 강화시킨다'나 '재고관리를 개선한다'와 같은 세부사항들 역시 그러하다.

왜 그런가? 왜냐하면 이 모든 것들이 제품의 단위 원가를 낮추는 방식이기 때문이다. 이중에서 어느 하나를 (혹은 전부를) 위에 든 세 가지 사항과 나란히 놓는 것은 중복을 초래한다. 그러면 목록에 오르는 항목들이 서로 배타적이 될 수 없다. 중복된 요소는 작성자의 뒤섞인 사고를 나타내고 그것은 고객에게 혼란을 초래한다.

모든 항목들이 별도의 독립적인 특성을 갖는(즉, 서로 배타적인) 목록을 만든 후에는, 그 목록을 통해 문제와 관련된 모든 항목들이 포함되는지(즉, 그것이 전체적으로 포괄적인지) 확인해야 한다. 잠시 '상품 생산과정을 재정비한다'는 문제로 돌아가 보자. 당신은 이것을 '단위 원가를 낮춘다' 밑에 놓았다. 이제 팀원 중 한 명이 이렇게 얘기한다. "우리는 생산과정을 통해 상품의 질을 개선하는 방식들을 생각해야 합니다."

맞는 말이다. 그렇다면 다시 재정비의 문제를 독립적인 항목으로 만들어야 하는가? 그렇지는 않다. 하지만 목록을 더 정교하게 만들어서 '단위 비용을 낮춘다' 밑에 '단위 비용을 낮추기 위해 생산과정을 재정비한다'는 세부항목을 놓고, '마케팅 하는 방식을 개선한다' 밑에 '상품의 질을 개선하기 위해 생산과정을 재정비한다'는 세부항목을 놓아야 한다. 그러면 이제 다음과 같은 목록이 나오게 된다.

- 우리가 소매점들에 상품을 파는 방식을 바꾼다.
- 우리가 소비자들에게 마케팅 하는 방식을 개선한다.
  - 상품의 질을 개선하기 위해 생산과정을 재정비한다.
- 우리 상품들의 단위 원가를 낮춘다.
  - 단위 원가를 낮추기 위해 생산과정을 재정비한다.

가령 당신의 팀이 이런 항목들과 상관없는 흥미로운 아이디어를 냈다고 하자. 이럴 때는 어떻게 해야 하는가? 이런 사항들을 무시할 수도 있지만, 그렇게 하는 것은 애크미 회사에 도움이 되지 않는다. 이것들을 독립적인 항목으로 만들 수도 있지만, 그렇게 하면 너무 많은 항목들을 갖게 된다. 맥킨지의 이슈 목록에는 적어도 2개 이상, 그리고 많게는 5개 이하의 주요 항목만이 있어야 한다(물론 '3개'가 가장 좋다).

그러나 이런 난제에도 해답은 있다. 바로 '기타 사항(Other Issues)'이라는 마술의 범주이다. 당신에게 빛나는 아이디어가 떠오를 때마다 늘 '기타 사항'을 사용할 수 있다. 그렇지만 단서가 하나 있다. 이 기타 항목을 목록의 첫 단계(top-line list)에 놓는 것은 피하는 것이 좋다(그것은 경우에 맞지 않는다). 우선 먼저 새로운 아이디어를 집어넣을 수 있도록 노력해 보라. 그래도 안 될 경우에는 기타 사항을 사용해서 여전히 MECE를 유지하라.

첫 회의에서 문제를 해결하라 - 초기가설

복잡한 문제의 해결은 긴 여행길에 오르는 것과 비슷하다. 초기가설이 문제해결의 지침을 제공한다.

맥킨지의 문제해결 과정에서 세 번째 기둥이 되는 초기가설(initial hypothesis : IH)은 설명이 가장 어렵다. 여러분에게 (그리고 나에게) 이 설명을 더 쉽게 하기 위해 이것을 세 부분으로 나누겠다.

- 초기가설의 설정
- 초기가설의 도출
- 초기가설의 검증

초기가설의 설정

초기가설의 요체는 '출발하기 전에 문제의 해결책을 헤아려 보는 것'이다. 어찌 보면 순리에 어긋나는 것도 같지만, 실제로는 당신이 늘 하는 일이다.

가령 당신이 차를 몰고 당신이 모르는 지역에 있는 식당을 찾아간다고 생각해 보자. 당신은 1번가를 따라가다가 세 번째 모퉁이에서 좌회전을 하고 즉시 우회전을 해야 함을 알고 있다. 당신은 1번가에 어떻게 가는지 알고 있다. 그리고 그곳에서부터는 방향을 따라가면 될 것이다. 축하한다. 당신은 이미 초기가설을 가지고 있는 셈이다.

비즈니스 문제의 해결은 식당 찾기보다 더 복잡하지만, 초기가설의 역할은 같은 것이다. 이것이 일종의 지도 역할을 하면서, 비록 대략적으로 그려진 것이지만, 문제의 해결책으로 인도한다. 초기가설이 들어맞는 경우에는, 문제해결이란 사실적인 분석을 통해 세부사항을 채우는 것을 뜻할 뿐이다.

다시, 앞서 말한 애크미 상품(Acme Widgets)의 경우로 돌아가 보자. 당신과 당신의 팀은 사업부의 판매 증대 방식을 찾아야만 한다. 당신과 당신의 팀은 사업에 대한 지식을 활용해 브레인스토밍을 한다. 하지만 많은 시간을 사용해 사실을 수집하고 분석하기 전에, 다음과 같은 초기가설을 세우게 된다.

우리가 상품 판매를 늘리기 위해서는
- 소매점들에 상품을 파는 방식을 바꾼다.
- 소비자들에게 상품을 마케팅 하는 방식을 개선한다.
- 상품의 단위 원가를 낮춘다.

곧 보게 되는 것처럼, 그런 후에 당신은 각각의 항목에 세부 항목을 세우고 좀더 자세하게 다루면서 어떤 분석을 사용해 각각의 가설을 검증하거나 부정할지를 결정하게 된다.

가설은 검증하거나 부정할 하나의 이론에 불과함을 기어하라. 가설은 해답이 아니다. 초기가설이 맞으면, 몇 달이 지난 후에, 그것이 당신의 프리젠테이션 첫 장이 될 것이다. 그리고 틀린 것으로 나타나면, 그것이 틀렸음을 입증한 후에, 충분한 정보를 수집해 가면서 계속 나아가며 옳은 해답을 찾는다. 초기가설을 종이에 적고 그것을 어떻게 검증하거나 부정할지 결정함으로써, 당신은 문제해결로 가는 약도를 그린 셈이고 그것에 따라 검증된 해결책으로 나아갈 수 있다.

초기가설의 도출

초기가설은 사실과 구조의 결합으로부터 형성된다. 따라서 초기가설을 도출하기 위한 첫 번째 단계는 사실 수집이다. 그러나 사실을 수집하기 전에 먼저 '어디서부터' 그 일을 해야 할지부터 알아야만 한다. 전에 SEM으로 일했던 어떤 사람은 초기가설을 세우기 위한 다음과 같은 좋은 방법을 제시했다.

> 프로젝트가 시작되면 나는 먼저 가능한 한 많은 사실을 소화해 보려고 애를 썼다. 나는 한두 시간 정도 자리에 앉아 관련 산업과 업체 소식지 등을 읽곤 했다. 그것은 사실을 수집하려는 것이라기보다 그 업계의 동향을 파악하기 위한 것이었다. 그렇게 해서 전문용어나 최근 당면과제 등을 파악했다. 나는 회사 안에서 그 해당 산업을 특별히 잘 아는 사람들을 찾곤 했다. 그것이 일에 속도를 붙이기 위한 가장 빠르고 효과적인 방법이었다.

초기가설을 도출할 때는 해당 산업과 문제를 대략적으로 알 정도의 사실 수집만으로도 충분하다. 이 단계에서 반드시 모든 사실을 수집할 필요는 없다. 관련 문제가 당신이 아는 사업 분야라면 이미 머리 속에 사실들이 있을 수도 있다. 그러면 더할 나위

없이 좋겠지만, 그래도 사실만으로는 충분하지 않다. 당신은 그것들에 구조를 적용시켜야 한다.

초기가설을 구조화시키려면 먼저 문제를 구성 요소들로 나누어야 한다. 그러니까 핵심 요인(key driver)들을 찾는 것이다(3장의 "핵심 요인들을 찾아라" 참고). 다음에는 각각의 요인들에 대한 '실행 가능한' 해결안(recommendation)을 마련한다. 이것은 아주 중요하다. 가령 당신 사업의 수익성이 날씨에 큰 영향을 받는다고 하자. 그러니까 날씨가 특정 분기의 수익성을 결정하는 핵심 요인인 것이다. 이럴 때 '우리는 좋은 날씨를 주십사 기도해야 한다'는 실행 가능한 해결안이 아니다. 반면에 '날씨 변화에 따른 우리의 취약성을 감소시키자'는 실행 가능한 해결안이 된다.

다음으로 각각의 주요 해결안을 더 세분화시켜서 사안(issue)별로 나누어야 한다. 특정한 해결안이 맞는다면 어떤 사안이 제기될 수 있는가? 각각의 사안마다 적절한 해답을 찾아야 한다. 그런 후에 다시 또 세분화시킨다. 각각의 사안마다 가설을 검증하거나 부정하려면 어떤 분석 방법이 필요할 것인가? 약간의 경험과 팀원들의 토론을 거쳐 무엇이 입증 가능하고 그렇지 않은지 알 수 있게 될 것이다. 이렇게 함으로써 우리는 막다른 골목을 피할 수가 있다.

애크미 상품의 경우에는 핵심 요인들이 영업망, 소비자 마케팅 전략, 그리고 생산비용인 것으로 정했다고 하자. 그러면 다음과 같은 실행 가능한 해결안들을 초기가설로 설정하게 된다.

우리가 상품 판매를 늘리기 위해서는
- 소매점들에 상품을 파는 방식을 바꾼다.
- 소비자들에게 상품을 마케팅 하는 방식을 개선한다.
- 상품의 단위 원가를 낮춘다.

먼저 영업망부터 자세히 보기로 하자. 이 회사의 영업망은 지역적으로 구성되어 있다(이를테면 북동부, 대서양 중부, 그리고 남동

애크미 상품의 이슈 트리

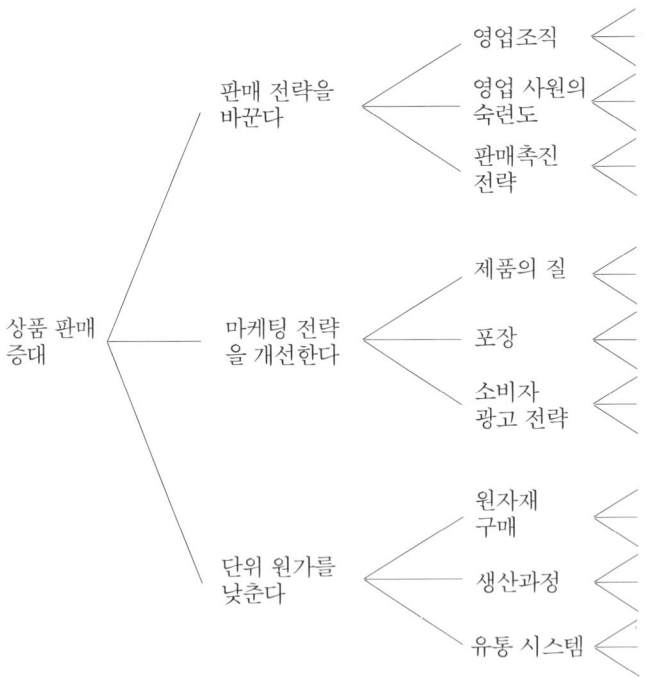

부로 구성되어 있다). 그리고 기본적으로 세 가지 유형의 소매점들에 상품을 납품한다. 즉, 슈퍼마켓, 백화점, 그리고 전문점이다. 당신의 팀은 애크미의 영업망이 소비자 유형에 따라 조직되어야 한다고 생각한다. 이것이 하나의 이슈이다.

어떤 분석을 통해 이런 생각을 검증하거나 부정할 수 있을까? 당신은 판매실적을 각 지역의 소비자 유형으로 나눌 수 있다. 만일 북동부의 슈퍼마켓 판매가 다른 지역보다 많고 다른 유형의 소매점보다 많다면, 그 이유를 찾아내라. 당신이 북동부의 영업사원들과 이야기를 나누다 보면, 그들이 다른 지역의 영업사원들보다 슈퍼마켓에 대한 감각이 더 좋음을 알게 될 수도 있다. 이들이 전국의 모든 슈퍼마켓을 담당해서 같은 성과를 이루도록 하면 어떻게 될까? 이것이 상품 판매에 주는 의미는 무엇이 될까?

이런 분석의 최종 결과는 맥킨지에서 말하는 '이슈 트리(issue tree)'가 된다. 바꿔 말하면, 초기가설부터 시작해 각각의 이슈로 가지를 뻗는 것이다. 그러면 결과는 앞의 그림과 같은 것이 된다.

'이슈 트리'를 완성하고 나면 문제해결 지도를 갖게 된다. 이 부분은 어렵지 않다. 정말로 어려운 부분은 가설 검증을 위해 더 깊이 들어가야 할 때 나타난다.

초기가설의 검증

문제해결 지도를 갖고 길을 떠나기 전에 길을 떠날 준비가 잘 갖추어졌는지 테스트 해 볼 필요가 있다. 우리가 해당 산업과 고객 혹은 회사에 대해 알고 있는 것을 기반으로, 그것이 생각할 수 있는 최상의 가설인가? 우리가 모든 이슈를 충분히 고려했는가?

문제를 구성하고 있는 요인들을 모두 고려했는가? 모든 해결안에 대한 실행과 입증이 가능한가?

초기가설의 도출을 얘기할 때 나는 '당신' 보다는 '당신이 속한 팀'을 강조했다. 맥킨지에서 내가 경험한(그리고 이 책을 위해 나와 인터뷰 한 많은 맥킨지 동창들이 경험한) 바에 따르면, 팀이 만들어 내는 초기가설이 개인이 만들어 내는 초기가설보다 훨씬 더 강력하다. 왜 그런가? 우리들 대부분은 자신의 생각을 제대로 비판하지 못한다. 우리의 생각을 따로 떼어놓고 검토하려면 다른 사람들이 필요하다. 그리고 이를 위해서는 서너 명의 똑똑한 사람들로 이루어진 팀이 가장 좋은 도구이다.

팀원들이 만나서 초기가설을 토의할 때는 다양한 생각이 충분히 꽃피도록 하라. 모두가 나름의 아이디어와 초기가설을 낼 수 있어야 한다. 모두가 아이디어를 짜 내고 그것들을 시험할 수 있도록 준비해야 한다. 당신이 팀의 리더라면 사고의 리더도 되어야만 한다. 누가 무슨 말을 하건 색다른 시각을 제시하라. 이렇게 물어라. "이것을 바꾸면 어떻게 될까? 저것을 추진하면 어떻게 될까? 그것을 이런 식으로 보는 것은 어떨까?" 이런 과정에는 상당한 난상토론도 필요하다. 그것이 당신 팀의 사고를 촉진하는 한 그것을 즐겨라(팀 사고를 자극하는 것에 대해서는 9장을 참고).

2
접근방식을 개발한다

 사실에 근거하고, 구조화하고, 가설 지향적인 맥킨지의 문제해결 과정의 핵심을 알았다고 해서, 곧바로 비즈니스 세계를 평정할 수 있는 것은 아니다. 어떤 비즈니스 문제도 똑 같은 것은 없다. 우리는 최상의 해결책을 찾기 위해 각각의 문제에 어떻게 접근해야 하는지를 찾아내야 한다.

 이번 장에서는 맥킨지 사람들이 기업 문제에 어떻게 접근하는지, 그리고 맥킨지의 문제해결 과정을 어떻게 활용하여 최대의 성과를 달성하는지를 살펴본다.

문제라고 생각한 것이 언제나 진정한 문제인 것은 아니다

때로는 어떤 문제가 당신의 책상에 떨어지고 그것을 해결하라는 얘기를 들을 것이다. 거기까지는 좋다. 그러나 특정한 방향으로 뛰어가기 전에 바른 문제를 풀고 있는 것인지부터 확인하라. 어쩌면 그것은 진정한 문제가 아닐 수도 있다.

 자연과학을 전공한 한 맥킨지 동창이 비즈니스 문제의 해결은 의술처럼 유기적이고 복합적이라고 했던 기억이 난다. 어떤 환자가 의사를 찾아와 자신이 독감에 걸렸다고 얘기했다고 하자. 이 환자는 의사에게 자신의 증상을 얘기할 것이다. "목이 따갑고, 머리가 아프고, 콧물이 나옵니다." 의사는 즉시 환자의 얘기를 받아들이지는 않을 것이다. 의사는 환자의 최근 생활을 물어 보고, 몇 가지 질문을 하고, 이어서 진단을 내릴 것이다. 환자는 독감이나 감기, 혹은 그보다 더 심한 병을 앓고 있을 수도 있다. 의사는 자기 자신을 진단한 환자의 말을 무조건 믿어서는 안 된다.
 맥킨지에서 우리는 고객들이 종종 자기 진단을 하는 환자들보다 나은 것이 없음을 발견하곤 했다. 때로는 비즈니스 문제가 아주 애매한 내용으로 우리에게 주어지곤 했다. 내가 회사에서 처음으로 프로젝트를 맡았을 때, 우리 팀의 임무는 뉴욕의 어떤 투자은행이 '수익성을 높이도록' 돕는 것이었다. 그것은 환자가 의사에게 '왠지 몸이 아파요'라고 얘기하는 것과 같은 일이었다. 또 다른 경우에 맥킨지의 팀이 한 제조회사 사업부의 성장 가능성을 평가하러 갔다. 그런데 몇 주 동안 자료를 수집하고 분석한 후에, 그 사업부에 정말로 필요한 것은 성장이 아니라 폐쇄 내지는 매각임이 드러났다.

주어진 문제가 진짜 문제인지 알아내는 유일한 방법은 더 깊이 파고 들어가는 것이다. 사실을 모으고, 질문을 하고, 여기저기 쑤셔 보라. 대개는 얼마 가지 않아 당신이 옳은 방향으로 가고 있는지 드러나게 된다. 그래서 사전에 여러 가지로 알아보는 것이 나중에 시간을 낭비하는 것보다 훨씬 더 생산적이다.

엉뚱한 문제를 잡고 있음이 분명할 때는 어떻게 해야 하는가? 환자의 사소한 증상 내면에 더 심각한 문제가 숨어 있을 때, 의사는 환자에게 이렇게 말할 것이다. "내가 당신의 두통을 치료할 수는 있습니다. 그러나 내가 보기에 그것은 더 심각한 문제의 증상이며, 그래서 추가 검사를 하는 것이 좋을 것 같습니다." 마찬가지로 당신도 고객이나 상사, 혹은 그밖에 처음에 문제를 제기한 사람에게 가서 이렇게 말해야 한다. "당신이 나에게 문제 X를 풀라고 얘기했습니다. 그러나 정말로 중요한 일은 문제 Y를 푸는 것입니다. 물론 당신이 정말 원한다면 내가 문제 X를 해결할 수는 있습니다. 그러나 그보다는 Y를 해결하는 것이 더 좋을 것 같습니다." 당신에게 그것을 뒷받침할 자료가 있음에도 불구하고, 고객이 당신의 조언을 받아들이지 않거나 혹은 그냥 원래 문제를 해결하라고 얘기할 수도 있다. 그러나 당신은 고객의 최선의 이익을 위해 일한다는 책임을 완수한 것이 된다.

THE McKINSEY WAY

이미 있는 것을 활용하라 1

대부분의 비즈니스 문제는 서로 다르기보다 서로 닮은 경우가 많다. 따라서 약간의 문제해결 기법만 있으면 다양한 과제들을 해결할 수 있다. 이런 기법은 당신의 조직 안에 어딘가 문서로 만들어져 있거나 동료 직원들의 머릿속에 있을 수 있다. 그렇지 않은 경우에는 경험을 활용해서 자신의 도구를 만들 수도 있다.

여타 컨설팅회사처럼 맥킨지도 문제해결을 위한 많은 도구를 개발해서 멋진 이름을 붙여놓았다. 이를테면 부가가치분석(Analysis of Value Added), 리엔지니어링(Business Process Redesign), 혹은 제품-시장분석(Product - Market Scan) 같은 것들이다. 이런 기법들은 아주 강력한 힘을 발휘한다. 맥킨지 컨설턴트들은 이것들을 사용해 아주 빠른 속도로 새로운 자료를 구조화시키고 문제의 본질을 쉽게 파악한다. 그런 후에 이들은 문제의 '결정 요인들(drivers)'에 초점을 맞추면서 해결책을 찾기 시작한다.

우리는 회사에서 '외부환경 분석(Forces at Work)'이라고 부르는 분석틀을 자주 사용했다. 이것은 특히 프로젝트 초기에 고객에게 영향을 주는 다양한 외부 요인들을 파악하는 데 큰 도움이 되었다. 이 분석틀은 고객이 가지고 있는 문제에 영향을 주고 있는 공급자, 소비자, 경쟁자, 그리고 가능한 대체 상품들을 파악하는 것이다. 이것들을 파악한 후에 우리는 각각의 분야에서 일어나는 모든 변화 가능성을 검토한다. 이들 요인들이 우리의 고객에게 (긍정적이건 부정적이건) 어떤 영향을 줄 수 있는가? 그리고 고객과 고객의 산업에 영향을 끼치는 내적인 변화들은 무엇인가? 이런 요인들 가운데 어느 것이 고객이 제품을 설계하고, 제조하고, 유통하고, 판매하고, 서비스하는 방식에 중요한 변화를 초래하는가?

당신이 어떤 비즈니스 분야에 있건, 이런 분석틀을 사용해 경쟁적인 환경을 즉시 파악함은 물론, 그런 환경의 가능한 변화를 짐작할 수도 있다. 한번 시도해 보라. 이것은 아주 간단한 기법인 것 같지만 전략적 방식으로 비즈니스 문제를 해결하도록 자극하는 강력한 도구이다.

이런 분석틀은 문제해결 과정 초기에 큰 도움이 된다. 예를 들어 내가 2년차 직원이었을 때 월가의 주요 투자은행의 정보기술 부서를 재편하는 일에 참여한 적이 있다. 그 은행의 모든 중역들이 정보기술 부서의 재편을 원했지만, 그 때문에 '자신들의' 컴퓨터 사용 방식이 달라지기를 원하지는 않았다. 그곳의 정보기술 부서는 말 그대로 난장판이었다. 직원도 600명이나 되었고, 10여 개의 하부 부서들이 있었고, 복잡한 보고 절차가 내 머리를 어지럽게 만들었다.

나는 (그리고 나와 함께 일한 팀원들은) 어디서부터 시작해야 할지 알 수가 없었다. 다행히도 맥킨지가 최근에 리엔지니어링(Business Process Redesign)이라는 새로운 분석틀을 개발해서 방향을 제시해 주었다. 맥킨지는 아직도 이 기법을 다듬고 있었으며, 우리가 그때 회사를 위한 새로운 발판을 마련했다. 그 과제는 힘든 것이었지만, 우리는 그 분석틀의 도움으로 (거기다가 많은 땀과 배달된 중국 음식과 야근을 곁들여서) 고객의 조직 개편을 도울 수 있었다. 우리에게 그와 같은 분석틀이 없었다면 방향을 잃고 갈피를 잡지 못했을지도 모른다.

… 그러나 고객들은 모두 독특하다(만병통치의 해결책은 없다)

많은 비즈니스 문제들이 서로 닮았다고 해서 그 해결책까지 같지는 않다. 우리는 사실에 근거한 분석으로 초기가설을 (혹은 우리의 직감을) 입증해야 한다. 이렇게 하면 우리의 생각이 더 잘 받아들여질 수 있다.

우리에게 망치밖에 없으면 모든 문제가 못으로만 보인다. 맥킨지를 (그리고 일반적인 경영 컨설팅을) 비판하는 사람들은 컨설팅회사가 가장 최근의 유행을 따라 문제를 해결하고 있다고 얘기한다. 그러니까 지식의 도구상자 속에 가장 좋아하는 도구가 이미 놓여져 있다는 것이다.

하지만 적어도 맥킨지에서는 그렇지가 않다. 맥킨지가 사용하는 사실에 근거한 분석은 고객에게 어떤 제안을 하기 전에 확실한 검증을 요구한다. 전에 SEM으로 일하다가 이제는 잡지사를 운영하는 제이슨 클라인은 이렇게 얘기한다.

사람들은 맥킨지가 (그리고 일반적인 경영 컨설턴트들이) 미리 준비된 답을 갖고 있다고 생각한다. 그러나 맥킨지에서는 그렇지가 않다. 만일 그렇다면 맥킨지가 지금처럼 성공하지 못했을 것이다.

물론 같은 도구로 여러 문제들을 다룰 수는 있다. 하지만 그런 경우에도 나름대로 응용이 필요하다. 예를 들어 내가 경험한 10개의 가격 문제 가운데 8개가 '가격 인상'이 해결책이었다. 당신이 사실에 근거한 분석을 여러 번 한다면(수요 곡선, 손익 분기점, 예산 등) 그 답은 거의 언제나 가격 인상임을 알 수 있다. 하지만 무조건 그런 답을 제시하면 곤경에 처하게 된다. 경우에 따라서는 그 답이 '가격 인하'일 수도 있기 때문이다.

어느 경우에나 맞는 표준화된 해결책은 없다. 따라서 무턱대고 직감을 믿는 잘못을 범하지 말아야 한다. 더 많은 경험을 쌓고 더 많은 문제를 해결함에 따라, 관련 업계에서 무엇이 통하고 무엇이 통하지 않는지 나름대로 감각을 얻게 된다. 이런 감각은 맞는 경우가 많지만, 전에 레이건 대통령이 한 말처럼 이를 적용해 보는 것이 필요하다. 즉, "신뢰하고 확인하라(Trust and verify)"는 것이다. 이제는 종합금융회사에서 일하는 맥킨지의 어떤 동창이 이렇게 얘기했다.

업계 경험이 많은 예리한 경영자들은 종종 직감만으로, 그것도 상당히 짧은 시간에, 맥킨지의 컨설턴트들과 같은 결론에 도달한다. 그러나 대부분의 경영자들은 그렇게 뛰어나지 못하다. 맥킨지는 어떤 문제에 매우 집요하게 집중하기 때문에 최고의 경영자가 만든 해결책보다 견고한 경우가 많다. 대부분의 경영자들은 충분한 시간을 투입하지 않기 때문에 몇 가지를 놓치곤 한다. 사실 이들에게는 그럴 만한 충분한 시간이 없다.

따라서 초기 직감이 맞는 경우가 많더라도 충분한 시간을 갖고 사실로 직관을 검증하라.

사실을 해답에 맞추려 하지 말라

자신의 초기가설이 정답이고 문제해결 과정은 그것을 입증하는 절차에 불과하다는 생각을 버려라. 열린 마음으로 유연한 자세를 가져라. 초기가설에 집착하지 말고 유연성을 잃지 말아라.

한 보험회사를 위한 프로젝트에서 어떤 EM이 취한 행동은 팀원들과 고객에게 다음과 같은 교훈을 일깨워 주었다. 즉, 그가 보기에 고객의 수익성을 개선하기 위해서는 '누설(leakage, 아무런 조정 없이 고객의 요구를 그대로 수용하는 것)'을 없애는 것이었다. 그래서 그는 신입컨설턴트에게 지난 3년 동안 화재보험 청구에서 일어난 누설 비율을 조사하라고 지시했다. 훌륭한 신입컨설턴트였던 이 젊은 직원은 아주 열성적으로 자신의 일을 수행했다. 그는 수많은 자료들을 조사하면서 누설을 찾아보았다. 그러나 결과로 나온 누설 비율은 그 EM이 예측한 것보다 훨씬 낮은 미미한

수준이었다.

그 EM은 이런 결과를 그대로 받아들이지 않고(그랬다면 자신의 초기가설을 재검토했을 것이다) 대신에 젊은 컨설턴트에게 다시 조사하라고 지시했다. 이번에는 자동차보험을 조사하고, 다음에는 해상보험을 조사하고…, 그런 식으로 계속 조사하라고 지시했다. 하지만 이번에도 예상한 만큼 많은 누설은 발견되지 않았다.

어느 날 그 EM이 현장의 본부에 앉아서 다소 풀이 죽은 모습을 하고 있었다. 그때 그 팀의 고객관리 담당자가 문틈으로 머리를 디밀고 이렇게 물었다. "닉, 무슨 일이오? 당신을 위한 누설이 충분히 발견되지 않았소?"

이 일화는, 초기가설이 아무리 뛰어나고 독창성이 있다 해도 사실이 보여주는 결과에 따라 바꿀 준비가 되어 있어야 함을 보여준다. 그리고 사실에 따라 새로운 가설을 세워야 한다. 객관적인 사실을 다람쥐가 쳇바퀴 돌 듯이 억지로 가설에 맞추려 하지 말라.

이런 함정을 어떻게 피할 수 있는가? 맥킨지의 문제해결 방식은 일상적인 사실 수집과 분석에서 이따금씩 한 걸음 떨어져 그 동안 무엇을 배웠는지 곰곰이 생각하는 것이다. 새로운 정보가 초기가설에 어떻게 들어맞는가? 그것이 맞지 않다면 어떻게 가설을 바꿔야 하는가? 이런 식의 작은 현실 감각은 나중에 막다른 골목에 다다르는 것을 피하도록 해 준다.

이 얘기는 실화이지만 맥킨지에서 예외적인(적어도 내 경험에 비추어 보면) 일화에 불과하다. 그리고 그 EM은 이미 오래 전에 회사를 떠났다.

해결책이 고객에게 맞는지 확인하라

아무리 좋은 해결책도, 그것이 수많은 자료의 뒷받침을 받고 수억 달러의 추가 이익을 약속해도, 고객이나 조직이 실행할 수 없으면 무용지물이다. 고객을 제대로 알라. 조직의 강점과 약점, 그리고 능력을 제대로 알라. 경영진이 할 수 있는 일과 할 수 없는 일을 알라. 이런 것을 염두에 두고 해결책을 만들어내라.

전에 EM으로 일하다가 이제는 월가에서 일하는 어떤 사람이 이런 이야기를 했다.

우리는 대규모 금융기관의 비용절감 프로젝트를 진행하고 있었다. 우리는 그들이 전세계에 있는 수백 개의 지점을 위성통신을 통해 연결하는 과정에 있음을 알게 되었다. 그 사업은 이미 수년 전에 시작되었으며, 그들은 그때까지 절반 가량의 사무소를 연결할 수 있었다.

우리는 최근에 상용화된 신기술을 사용하면 기존의 전화선을 이용하는 방식보다 훨씬 싼값에 같은 일을 할 수 있다는 결론에 도달했다. 우리 계산으로는 현재 가격을 기준으로 대략 1억 7,000만 달러 가량을 줄일 수도 있었다.

우리가 그런 정보를 가지고 과제를 감독하던 중역에게 갔다. 우리에게 과제를 맡긴 바로 그 중역이었다. 그 사람이 이렇게 얘기했다.

"그거 아주 멋진 일이군요. 물론 그렇게 했다면 몇억 달러를 줄일 수도 있었을 겁니다. 그러나 우리는 이미 작업을 시작했고, 현실적으로 그것은 너무 위험한 일입니다. 우리 조직의 에너지는 한정적이고 솔직히 말해서 우리는 이보다 더 근사한 제안을 원합니다."

어떤 면에서는 그 중역이 우리의 새로운 제안을 받아들이지 않았다는 사실이 놀라웠다. 그러나 다른 각도에서 생각해 보면 우리는 그 조직이 5억 달러에서 10억 달러까지 절약할 수 있는 대안도 만들고 있었다. 따라서 이는 우리가 생각한 것의 중간 정도만큼 도움을 주는 것일 뿐이었다. 따라서 반응은 합리적인 것이었다. 내가 할 수 있는 제안이 세 가지밖에 없다면, 나는 최상의 세 번째 것을 택할 것이다.

맥킨지는 학업 성적이 뛰어난 사람들을 채용해서 혹독한 훈련을 통해 문제 분석과 해결책 제시를 연마시킨다. 이 때문에 맥킨지 사람들은 (특히 신입사원들은) 가장 최상의 해결책을 찾으려고 기를 쓴다.

그러나 아쉽게도, 학문적인 이상이 비즈니스 현실과 만나면, 대개는 비즈니스 현실이 승리한다. 비즈니스 세계는 현실적인 강점과 약점, 그리고 한계가 있는 현실적인 사람들로 이루어져 있다. 이런 사람들은 자기 조직에서 제한된 자원으로 제한된 일만을 할 수 있다. 그리고 어떤 일은 정치적인 이유나 자원의 부족, 혹은 능력의 부족 때문에 도저히 할 수가 없다.

당신은 컨설턴트로서 고객의 한계를 알아야 하는 책임을 진다. 그리고 고객이 자기 회사라면 (혹은 자신이 속한 회사라면) 그런 책임은 더욱 커진다. 이런 한계를 알면서 그것에 맞게 해결안을 제시하는 일이 필요하다.

때로는 해결책이 나오기를 기다려야 한다

맥킨지의 문제해결 원칙에는, 모든 규칙에서처럼 예외가 있다. 당신이 항상 초기가설을 세울 수는 없을 것이다. 때로는 고객이 문제가 무엇인지 모를 때도 있다. 다만 문제가 있음을 알 뿐이다. 그리고 때로는 과제의 범위가 너무 커서 (혹은 너무 애매해서) 초기가설이 무의미할 수도 있다. 또 어떤 경우에는 전혀 새로운 상황에 직면해서 어떤 해결책도 떠오르지 않을 수가 있다. 그래도 겁을 먹지는 말라! 사실을 모으고 분석을 하면 해결책은 나오게 된다.

전에 EM으로 일했던 어떤 사람이 이런 이야기를 했다.

한번은 어떤 과제를 맡아서, 주요 은행 외환사업부의 실적을 높이기 위해 애를 쓰고 있었습니다. 우리는 지원 부서의 비용을 30퍼센트 정도 줄여야만 했습니다. 나는 처음에 어디부터 손을 대야 할지, 비용을 줄이기 위한 초기가설이 무엇인지 전혀 몰랐습니다. 솔직히 말해서 우리는 지원 업무가 어떻게 돌아가는지 몰랐습니다.

내가 지원 부서를 맡고 있는 책임자인 담당 여직원과 그녀의 팀을 인터뷰해야만 했습니다. 그 여직원은 일부러 그렇지는 않았지만 왠지 반응이 좋지 않았습니다. 그 여자가 솔직하게 이렇게 얘기했습니다. "당신들은 이 일을 해 본 적도 없고 이 분야에 대해 아는 것도 없습니다. 앞으로 두 가지 중에 한 가지 결과가 나올 것입니다. 당신들이 우리가 싫어하는 필연적으로 잘못된 무언가를 제안하거나, 아니면 당신들이 우리 말을 듣고 우리가 이미 아는 것을 제안해서 부가가치를 전혀 만들지 못하거나 할 것입니다. 당신들이 이곳에 와서 애를 쓰는 것은 인정합니다. 그러나 우리의 관점에서 볼 때 이 일은 우리 은행의 시간과 자금의 낭비에 불과합니다."

그래도 그 여직원은 우리에게 필요한 자료를 주었습니다. 알고 보니 어떤 제품이 사업의 5퍼센트를 차지하면서 비용의 50퍼센트를 만들고 있었습니다. 우리가 그것을 고칠 수 있었습니다. 그들은 이런 일이 있는 줄을 전혀 몰랐습니다. 그후 계속해서 일을 하며 우리가 다른 분야에도 이 분석을 확대시켜서 마침내 목표를 초과 달성했습니다.

이 이야기가 주는 교훈은, 초기가설이 문제해결의 필수 조건은 아니라는 것이다. 초기가설이 있으면 구조화된 방식으로 사고를 전개시키는 데 도움이 되지만, 그런 것이 안 나와도 걱정할 필요는 없다. 맥킨지 사람들은 어떤 문제도 사실에 근거한 분석 앞에서는 무력함을 잘 알고 있다. 충분한 사실을 모아서 창의적인 사고와 결합시키면, 결국에는 해결책이 나오게 마련이다.

잘 풀리지 않는 문제도 있다. … 그래도 문제는 풀어야 한다

결국 당신의 머리보다 더 단단한 벽에 부딪치게 될 것이다. 쓸데없이 박치기를 하지 말라. 벽에는 아무 영향도 못 주고 당신의 머리만 다칠 뿐이다.

맥킨지에서 내 스승 역할을 했던 어떤 분이 아주 재미있고 신나는 프로젝트에 동참할 것을 요청했다. 그 프로젝트의 고객은 규모가 큰 금융기관으로 투자관리 사업을 재편하고 있었는데, 상당히 심각한 도전에 직면해 있었다. 그것은 수천 명의 직원과 수십억 달러의 돈이 걸린 엄청난 작업이었다. 당시 맥킨지 팀에는 내 스승과 내가 가장 좋아하는 EM이 참여하고 있었다. 그것은 즐겁고 도전적인 맥킨지 프로젝트의 가장 완벽한 조건인 것 같았다.

상황은 훌륭했는지 몰라도 결과는 씁쓸했다. 고객 기업의 경영진에 파벌이 생겨서 우리가 제대로 일을 할 수 없었다. 요구한 자료가 늦게 도착하거나, 도착한 경우에도 쓸모가 전혀 없기도 했다. 우리가 인터뷰할 필요가 있는 사람들은 우리와 대화하기를 거부했다. 고객 팀의 구성원들이 자신들의 제안을 지나치게 고집해서 적절한 해결책이 나오지 않았다. 그렇게 몇 달 동안 힘들게 일을 한 후에, 결국에는 나름의 제안을 하고 나서 서둘러 끝내야만 했다.

우리 팀의 경험은 맥킨지의 역사에서 전혀 드문 일이 아니다. 문제해결의 길에는 종종 장애물이 있다. 가설 입증에 필요한 자료가 부족하거나 부실할 수도 있다. 때로는 고객 기업이 너무 늦게 문제를 인식할 수도 있다. 그래서 맥킨지나 다른 어떤 사람이 문제를 검토하는 단계에, 그 사업은 이미 망해 있기도 하다.

가장 큰 장애물은 조직 내의 정치적 갈등이다. 조직 내의 정치적 갈등을 이해하려면 먼저 조직을 구성하는 것이 사람임을 알아야만 한다. 우리가 조직도(organization chart)를 볼 때 실제로 보는 것은 사람들이다. 우리가 그런 조직도를 바꿀 때 실제로 바꾸는 것은 사람들의 인생이다. 전에 EM으로 일했던 어떤 사람은 이렇게 얘기했다. "변화 관리는 말 그대로 변화를 의미합니다. 즉, 경영자를 바꾸는 것입니다."

맥킨지 팀원들이 고객 기업에 갈 때, 갖고 가는 것은 변화이다. 고객 기업의 일부 인사는 맥킨지 팀을 백마 탄 기사로 환영할 것이다. 그러나 다른 일부는 우리가 피하거나 쫓아내야 할 침략군이라고 생각한다. 전에 맥킨지에서 일했던 어떤 사람은 이렇게 표현했다.

"우리가 오는 것을, 그리고 진짜 해답을 들고 나오는 것을 반기지 않는 조직이 하나도 없는 프로젝트란 매우 드뭅니다."

대개의 경우 최고 경영진이 맥킨지에 컨설팅을 의뢰할 때에는, 조직에서 충분한 합의가 있어서 맥킨지에 협조적이다. 몇몇 사람들이 불평을 하거나 문제를 일으킬 수도 있지만, 이들은 결국 맥킨지의 활동을 이해하게 되거나 그냥 무시되곤 한다. 그러나 때로는 조직의 어떤 강력한 그룹이 다른 그룹의 뜻과 상관없이 우리를 부르기도 한다. 이럴 때 문제가 발생하며, 우리 팀이 바로 이런 상황에 직면했다.

해결이 너무나 어려워 보이는 문제에 직면했을 때, 우리가 취할 수 있는 선택은 몇 가지가 있다.

문제를 재정의한다. 고객에게 문제가 X가 아닌 Y라고 말할 수 있다. 이것은 특히 Y를 해결하면 많은 부가가치가 생기지만 X의 해결에는 시간과 비용만 들 뿐 결과는 신통치 않음을 알 때 유용하다. 아주 초기에 이런 전환을 하려면 상당한 비즈니스 감각이 필요하다. 반면에 몇 주가 지나서야 이렇게 해야 한다고 말하면 어려운 문제를 피한다는 비난을 들을 수도 있다.

약간 다듬어서 해결책을 제시한다. 때로는 멋진 해결책이 나왔어도 고객 기업이 실행할 수 없는 경우가 있다. 이것은 특히 조직 변화에서 자주 나타난다. 합당한 조직을 제시하기는 쉬워도 기존의 인력을 조정하기는 어렵기 때문이다. 상황이 이럴 때는 시간을 조정할 필요가 있다. 해결책을 즉시 실행하지 못해도 걱정할 필요는 없다. 사람들이 결국 조직을 떠나기 때문에, 시간을 두고 약간 '다듬어서' 해결책을 제시할 수 있다.

파벌 싸움을 극복하라. 파벌 싸움조차도 해결이 가능하다. 대부분의 비즈니스맨들은 적어도 자기 사업 분야에 한해서 합리적이다. 이들은 인센티브에 반응을 보인다. 따라서, 정치적인 반대에 직면할 때, 그것은 대개 조직 안의 누군가에게 당신의 해결책이 부정적인 효과를 갖는다는 뜻이 된다. 조직 내의 정치는 자신의 이익에 따라 행동하는 사람들의 반응일 뿐이다.

파벌 싸움을 극복하기 위해서는 당신의 해결책이 조직 내의 사람들에게 어떤 영향을 주는지 생각해야 한다. 그리고 그런 후에 다양한 정치적인 동기와 조직적인 요인들을 고려하여 변화에 대한 합의(consensus)를 만들어야 한다. 합의를 만들려면 사람들이 수용할 수 있도록 해결책을 다소 바꿀 필요도 있다. 고객이 수용을 거부하면 이상적인 해결책도 아무 소용이 없다는 사실을 기억하라.

3
80대20과 그 밖의 주요 원칙

이번 장에서는 문제해결 과정에서 맥킨지 컨설턴트들이 유용하게 사용하는 많은 원칙들을 다룬다. 이것들을 분류하기란 쉽지 않다. 그냥 '다른 항목'으로 생각하면 좋겠다.

80대20

80대 20 원칙은 경영 컨설팅의, 그리고 넓게 보면 비즈니스의 위대한 진리 가운데 하나이다. 당신은 어디서나 이것을 관찰할 수 있다. 즉, 판매의 80퍼센트는 영업사원의 20퍼센트가 달성하고, 비서 업무의 20퍼센트가 비서 업무 시간의 80퍼센트를 차지하며, 인구의 20퍼센트가 부의 80퍼센트를 창출한다. 물론 늘 그런 것은 아니다. 그러나 이런 원칙을 알고 있으면 사업을 크게 개선시킬 수 있다.

나는 맥킨지에서 일할 때 80대20 원칙이 실제로 작용하는 것을 수도 없이 보았다.

내가 경영대학원 재학 중 방학을 이용해 맥킨지에서 인턴을 하는 동안, 처음으로 참여한 프로젝트는 뉴욕에 있는 증권회사의 일이었다. 그 회사의 이사회는 기관투자 사업의 수익성 제고를 위해 맥킨지에 컨설팅을 의뢰했다. 그 일은 피델리티(Fidelity) 같은 뮤추얼펀드와 연금기금들에 주식을 파는 일이었다.

고객들이 어떻게 수익성을 올릴 수 있느냐고 물을 때, 맥킨지가 하는 첫 번째 일은 뒤로 물러서서 이렇게 묻는 것이다. "당신들의 수익은 어디에서 나옵니까?" 이 질문에 대한 답이 늘 분명한 것은 아니다. 해당 분야에서 오랫동안 일한 사람들도 때로는 그 답을 제대로 알지 못한다. 고객에게 이 질문의 답을 주기 위해, 내가 참여한 맥킨지의 팀이 '모든' 중개인과 '모든' 영업사원의 '모든' 구좌를 고객별로 샅샅이 검토했다. 우리는 몇 주 동안이 엄청난 자료를 다각도로 분석했다. 그리고 분석 과정에서 다음과 같은 사실을 금방 알 수 있었다.

- 판매의 80퍼센트가 20퍼센트의 중개인에서 나왔다.
- 주문의 80퍼센트가 20퍼센트의 고객에서 나왔다.
- 거래 수익의 80퍼센트가 20퍼센트의 영업사원에서 나왔다.

이런 결과는 고객 기업이 인력을 활용하는 방식에 심각한 문제가 있음을 나타내고 있었다. 그래서 우리는 특히 그 문제에 집중했다. 더 깊이 들어갔을 때 우리는 상황이 그보다 훨씬 복잡함을 알게 되었다. 그것은 단지 '판매 부서의 80퍼센트가 게으르거나 무능한' 문제가 아니었다(사실 우리는 그런 관점에서 시작하지도 않았다).

예를 들어 우리는 3명의 상위 중개인들이 10개의 가장 큰 구좌를 다루고 있음을 발견했다. 이 큰 구좌를 더 많은 중개인들과 나누게 함으로써, 그리고 3명의 가장 큰 고객들에 각각 한 명의 선임과 한 명의 평사원을 붙임으로써, 우리는 이들 구좌에서 비롯되는 판매고를 실질적으로 늘릴 수 있었다. 우리는 떡을 더 공정하게 나누는 대신에 그 크기를 늘렸다. 이렇게 해서 80대20 원칙은 고객의 문제를 해결하는 구실을 했다.

80대20은 완전히 자료의 문제이다. 제품별 판매액이 얼마인가? 제품별 마진이 얼마인가? 영업팀의 구성원들이 각자 어떤 판매 실적을 올리는가? 수익의 측면에서는 어떠한가? 연구팀의 성공률은 얼마인가? 고객들의 지리적 분포는 어떠한가? 자신의 사업을 잘 알고 있으면(그리고 생존하려면 잘 알아야 한다) 올바른 질문을 할 수가 있다. 자료가 있으면 컴퓨터로 분석하라. 그것을 여러 방식으로 분류하라. 숫자와 씨름해 보라. 그러면 무언가 패턴이 보이고 특징이 나타날 것이다. 이런 패턴이 당신이 몰랐던 사업의 특징들을 잘 보여줄 것이다. 때로는 이것이 문제를 뜻할 수도 있다(사실 수익의 80퍼센트가 20퍼센트의 제품에서 나온다면 큰 문제이다). 그러나 문제는 또한 기회를 뜻하기도 한다. 기회를 찾아서 최대한 활용하라.

바다를 끓이려 들지 말라

열심히 일하기보다 현명하게 일을 하라. 당신의 문제와 관련된 자료는 무수히 많다. 그리고 당신이 할 수 있는 분석도 수없이 많다. 그것들을 대부분 무시하라.

맥킨지는 가설을 검증하거나 부정할 만큼, 혹은 분석을 뒷받침하거나 반박할 만큼 충분한 사실을 수집하지만, 그것은 필요한 만큼만을 의미한다. 이것은 사실에 근거한 분석의 또 다른 면이다. 이보다 많은 사실을 다루는 것은 소중한 시간과 노력의 낭비이다.

내가 이 교훈을 절실하게 느낀 것은 어느 늦은 밤 고객의 경쟁사에 대한 보고서를 만들 때였다. 나는 그때 수많은 자료를 모아놓고 새로운 통찰력을 얻으려고 기를 썼다. 그런데 내 EM이었던 비크가 서류가방과 외투를 들고 사무실로 들어왔다. 그가 나에게 잘 돼 가느냐고 물었다. 나는 잘 돼 간다고 대답하면서, 아직도 몇 개의 차트를 더 그려 낼 수 있다고 생각했다. 비크가 내 초안을 훑어보다가 이렇게 얘기했다. "에단, 벌써 11시야. 고객이 이것을 좋아할 거야. 누구도 이것보다 더 많은 자료를 끌어 모을 수는 없어. 이제 마감하게. 바다를 끓이지 말게." 우리는 같이 택시를 타고 집으로 향했다.

"바다를 끓이지 말라"는 뜻은 모든 것을 분석하려고 하지 말라는 것이다. 선택적으로 하라. 자신이 하는 일의 우선 순위를 생각하라. 충분히 했다고 생각되면 중단하라. 그렇지 않으면 별 성과도 없는 일에 시간과 노력을 낭비하게 된다. 마치 한줌의 소금을 얻기 위해 바다를 끓이는 것처럼.

핵심 요인들을 찾아라

많은 요인들이 사업에 영향을 끼친다. 가장 중요한 것들, 즉 핵심 요인들에 집중하라.

문제해결을 위한 맥킨지의 팀 회의에시는 반드시 누군가가 '핵심 요인(key driver)'이라는 용어를 사용한다. 이를테면, "비크, 내가 볼 때는 이것들이 이 문제의 핵심 요인들이야"와 같은 말들이다. 바꿔 말하면, 우리 제품의 판매에 영향을 주는 100여 가지 요인들이 있을 수 있지만(날씨, 소비자 신뢰, 원자재 가격 등등) 가장 중요한 세 가지 요인은 X, Y, 그리고 Z로 추릴 수 있다. 나머지는 무시한다.

엔지니어들은 소위 말하는 '계산의 제곱 법칙(the Square Law of Computation)'을 알고 있다. 이것은 어떤 방정식의 수가 늘어남에 따라 문제 풀이에 필요한 계산 수는 적어도 제곱의 비율로 늘어난다는 것이다. 다시 말해서, 어떤 문제의 복잡성이 2배가 될 때, 그 문제를 푸는 데 필요한 시간은 4배가 된다는 것이다. 따라서 우리는 나름대로 단순화를 해야만 한다. 예를 들어 태양계에는 수백만 개의 물체가 있어서 이 모두가 서로 인력 작용을 한다. 그래서 천문학자들은 천체의 운동을 분석할 때 대부분의 물체를 무시한다.

핵심 요인들에 집중하는 것은 문제의 핵심에 초점을 맞추는 것이다. 이것은 문제의 모든 측면을 다루는 것이 아니다. 이런 자세로 우리는 가장 필요한 부분에 사실에 근거한 철저한 분석을 하고 불필요한 부분은 제외시킨다.

중요한 부분에 집중하는 '핵심 요인'은 매우 강력한 개념이다. 이것이 시간과 노력을 절약한다. 이것이 바다를 끓이지 않게 한다.

엘리베이터 테스트

당신의 해결책을 완벽하게 알아서 그것을 분명하고 정확하게 30초 안에 설명할 수 있어야 한다. 이렇게 할 수 있을 때 당신은 당신의 해결책을 팔 수 있을 정도로 충분히 자신의 일을 잘 이해하고 있는 셈이 된다.

이제 그 중요한 프로젝트의 최종 보고를 할 시간이 되었다고 상상하라. 당신과 당신의 팀은 그 동안 새벽 2시까지 일을 하면서 보고서를 만들었고, 단 하나의 오자도 없도록 정성을 기울였다. 이제 당신은 제일 좋은 옷을 입고 만반의 준비가 된 것처럼 보이려 한다. 그리고 고객인 〈포춘〉 50대 기업의 중역들이 맥킨지의 보고를 듣기 위해 회사 건물의 맨 위층에 자리 잡은 원탁 탁자에 둘러앉는다. 그런데 바로 그때 대표이사가 회의실로 들어오면서 이렇게 말한다. "여러분, 미안합니다. 나는 이 자리에 참석할 수가 없습니다. 갑자기 중요한 문제가 생겨서 변호사들을 만나러 가야 합니다."

그러다가 당신을 향해 돌아서며 이렇게 말을 한다. "당신이 나와 함께 엘리베이터를 타고 밑으로 내려가면서 연구한 것들을 말해줄 수 있겠소?" 엘리베이터를 타는 시간은 30초 정도에 불과하다. 그 시간에 당신은 고객 회사의 대표이사에게 해결책을 설명할 수 있는가? 당신은 그 사람에게 해결책을 팔 수가 있는가? 이것이 바로 엘리베이터 테스트이다.

많은 기업들이 엘리베이터 테스트나 그와 비슷한 것을 이용한다. 왜냐하면 그것이 중역들의 시간을 효과적으로 사용하는 아주 좋은 방법이기 때문이다. 유명한 미국 회사 프록터 & 갬블(Proctor & Gamble)은 관리자들에게 1쪽 짜리 메모를 만들라고 얘기한다. 그리고 할리우드의 어떤 영화사는 극작가에게 새로운 대본의 가장 흥미 있는 부분을 말해 달라고 주문한다. 만일 30초 후에 극작가의 설명이 마음에 들면, 그 극작가는 좀더 기회를 얻어서 대본을 팔 수도 있다. 맥킨지의 직원이었던 제이슨 클라인은 잡지사의 사장이 되었을 때 엘리베이터 시험을 제도화시켰다. 그의 말을 들어보자.

우리 회사의 영업 사원들은 독자들에게 잡지를 제대로 설명할 수 없었다. 그래서 광고 지면이 계속 줄어들고 있었다. 나는 모든 영업 사원들을 훈련시켜서 엘리베이터 테스트를 통과하도록 만들었다. 나는 그들에게 잡지 내용을 30초 안에 설명하라고 요구했다. 그것은 판매원들에게 대단히 좋은 훈련이 되었다. 그리고 우리 회사의 광고 수입은 매년 늘어나고 있다.

6개월 동안의 작업 결과를 어떻게 30초 안에 담을 수 있는가? 먼저 당신의 팀이 다룬 이슈들부터 시작하라. 고객이 알고 싶은 것은 각각의 이슈에 대한 해결안과 그에 따른 성과이다. 권고사항이 아주 많을 때는 가장 중요한 세 가지만 얘기하라. 그러니까 기대되는 이익이 가장 많은 것들이다. 뒷받침하기 위한 자료에 대해서는 걱정하지 말라. 그것들은 나중에 자세하게 설명할 수 있다.

가령 분석 결과 제조회사인 고객 기업이 제품이 많이 팔리지 못하는 이유가 영업조직이 고객 유형별로 조직되어야 하는데 지역별로 구성되었기 때문이라고 하자. 이때 당신에게는 많은 자료가 있을 것이다. 이를테면 구매자 유형별 영업 사원 분석, 구매자들과의 인터뷰 결과, 혹은 소매점 및 도매점들에 대한 방문 결과 등이다. 당신이 엘리베이터를 타고 있을 때 대표이사에게 이렇게만 얘기하라.

"우리가 보기에는 영업조직을 구매자 유형별로 재구성할 때 제품 판매를 3년 안에 50퍼센트 가량 신장시킬 수 있습니다. 세부 사항에 대해서는 나중에 얘기할 수 있습니다. 변호사들과 좋은 시간 보내시기 바랍니다."

손이 닿는 곳에 달린 열매부터 따라

때로는 문제해결 과정 도중에라도 즉시 개선할 수 있는 기회가 나타날 수도 있다. 이런 기회들을 놓치지 말라! 그것들은 당신과 당신의 팀을 위한 작은 승리를 만들어 준다. 이렇게 되면 팀원들의 사기를 높일 수 있고, 고객 기업의 관계자들에게 당신들이 제대로 일을 하고 있다는 확신을 심어줄 수 있다.

맥킨지의 컨설턴트들은 이런 기회를 백분 활용한다. 고객들은 대규모 프로젝트가 진행되는 첫 6개월 (혹은 그 이상의) 기간 동안에 결과를 알고 싶어 안달할 수 있다. 최종 결과가 나오기 전에 고객들에게 무언가 실질적인 것을 보여주면 팀에 가해지는 압력이 줄어들 수 있다.

증권회사 고객의 경우에 우리는 (80대 20 원칙을 활용해서) 판매 및 거래 자료의 분석을 통해 새로운 사실을 발견하고, 이것을 기관투자 부서의 관리자들에게 즉시 알리고 싶어했다. 그래서 우리는 관련 부서 부서장과 영업, 거래, 연구 부서들의 장과 모임의 자리를 만들었다.

당시 나는 자료를 실제로 분석하는 일을 하였기 때문에 내가 분석 내용을 설명해야 했다. 우리가 발견해 낸 것들을 말하자 월 가의 뛰어난 전문가들이었던 이들도 마치 망치로 얻어맞은 모습이었다. 그들은 자신들의 조직이 그렇게 비효율적일 줄은 예상하지 못했던 것이다.

그 프리젠테이션은 두 가지 중요한 효과를 발휘했다. 첫째, 문제가 있다는 것을 받아들이지 않고, 맥킨지의 능력을 처음에 달갑지 않게 생각했던 중역들을 납득시킬 수 있었다. 둘째, 내가 프리젠테이션을 했기 때문에 나에 대한 평가가 크게 높아졌고, 그 결과 내 작업은 훨씬 쉬워졌다. 그 모임이 있기 전만 해도 나는 그들의 사업을 들쑤시고 다니는 똑똑한 MBA에 불과했다. 그러나 모임이 있은 후에 나는 그들의 문제를 해결하기 위해 함께 일하고 있는 중요한 사람이 되었다.

가장 낮은 데 달린 열매부터 거둠으로써, 최종 보고가 있을 때까지 정보를 쌓아 놓고 싶은 유혹을 뿌리침으로써, 우리는 고객이 더 열의를 갖도록 했고, 우리의 일을 더 쉽게 만들었다.

이 원칙은 사실 장기적인 관점에서 고객을 만족시키는 문제에 관한 것이다. 당신의 고객은 제품의 구매자일 수도 있고, 서비스의 이용자일 수도 있고, 직장의 상사일 수도 있다. 그것이 누구이건, 고객을 기쁘게 하고 고객이 당신의 가장 중요한 관심사라는 것을 인식시키면 좋은 결과로 이어진다.

예를 들어 여러분이 3개월이 걸리는 소프트웨어 설계 작업을 한다고 생각해 보자. 그런데 2주 만에 문제의 일부를 해결하는 좋은 프로그램을 개발했다. 그렇다면 그것을 상사에게 보여주어라. 기다릴 필요가 없다! 문제의 일부만 해결해도 수익성이 높아질 수 있다. 다만 당신이 완전한 해결책을 포기했다고 생각하게만 만들지 말라. 그런 작은 승리가 당신과 당신의 고객을 도울 수 있다.

매일 차트를 만들어라

문제해결 과정에서 당신은 매일 새로운 것을 배우게 된다. 그것을 종이 위에 옮겨라. 그러면 당신의 사고를 발전시키는 데 도움이 된다. 당신이 그것을 사용할 수도 있고 사용하지 않을 수도 있다. 그러나 일단 종이 위에 분명하게 옮기면 절대로 잊지는 않을 것이다.

날마다 차트를 만드는 것은 성가신 작업일 수도 있다. 그리고 실제로도 그러하다. 그러나 이런 일은 해결책을 만드는 데 큰 도움이 된다. 맥킨지의 전형적인 근무 시간표에 따르면, 아침 9시에 잠깐 브레인스토밍을 한 후에 10시에 고객과 인터뷰를 하고, 11시에 공장 방문을 마친 후에 상사와 샌드위치로 점심을 먹게 된다. 그리고 나서 더 많은 고객들과 인터뷰를 하고, 하루를 마감하는 팀 모임을 갖고, 그런 후에 즉시 워튼(Wharton, 미국 펜실베니아주에 있는 경영 대학원)으로 달려가서 신입사원 채용 설명회에 참석할 수도 있다. 이렇게 바쁘게 지내다 보면 여러 사실들이 서로 뒤섞여서 뭐가 뭔지 모르게 될 수도 있다. 고객 인터뷰를 잘 정리하고 팀 모임의 내용을 적은 후에도 중요한 사항들이 누락될 수 있다.

이런 상황을 피하려면 일과가 끝난 후에 30분 정도 자리에 앉아 스스로에게 이렇게 물어 볼 필요가 있다. '오늘 내가 배운 세 가지 중요한 사항은 무엇인가?' 이것들을 차트에 옮겨 적어라. 특별히 멋지게 꾸민 간결한 차트이어야 할 필요는 없다. 주어진 사실이 차트에 잘 옮겨지지 않으면(그러나 맥킨지 사람들은 모든 것을 차트로 옮기려 애를 쓴다), 그것들을 그냥 순서 없이 적기만 해도 좋다. 당신이 얻은 결과를 일단 잃어버리지 않을 곳에 적어 두어라. 써 놓은 것을 그저 서랍 속에 처박아 두지 말라. 나중에, 분석적 사고를 할 여유가 생기면, 당신은 그 차트와 노트들을 검토해 보고 어떤 의미를 갖는지, 그리고 해결책에 어떻게 들어맞는지 생각해 볼 수 있다.

물론 이런 작은 방식도 지나치게 사용될 수도 있다. 독일 출신의 어떤 EM은 뉴욕 사무소 밖에서 일할 때 밤마다 모든 제안사항을 적곤 했다. 대부분의 사람들은 이렇게까지 할 필요가 없다. 적어도 자신의 삶이 있는 사람들은 그럴 필요가 없다. 그러나 그

EM은 뉴욕에 아는 사람도 없었고, 그래서 일밖에는 할 것이 없었다. 이 사람은 4부에서 소개하는 몇 가지 조언들을 따를 필요가 있었다.

안타를 노려라

당신이 모든 것을 할 수는 없다. 그러니 모든 것을 다 하려고 애쓰지 말라. 당연히 해야 할 것을 제대로 하는 것이 더 낫다. 홈런을 치려고 애를 쓰다가 열에 아홉 삼진을 당하기보다는 계속해서 1루에 진출하는 것이 훨씬 더 낫다.

내가 회사에 입사한 지 얼마 안 되어 뉴욕 사무소 직원들이 뉴욕 북부의 한 휴양지에서 휴식 시간을 가졌다. 그런데 하루는 나를 포함한 신참 컨설턴트들이 골프와 야구, 그리고 포도주 시음으로 이어진 빡빡한 일정을 잠시 중단하고 강의를 들어야만 했다(휴식 시간에도 할 일은 있는 법이다). 연사는 대규모 전자회사의 사장으로서 맥킨지의 고객이었고 전직 직원이기도 했다. 이 사람이 한 강의의 핵심 내용은 이런 것이었다. "장외 홈런을 날리려고 애쓰지 말아라. 안타를 노려라. 자신의 임무에 충실하라. 팀 전체의 일을 떠맡으려고 하지 말아라."

나는 그분의 강의를 듣고 깜짝 놀랐다. 맥킨지의 직원들은 "장외 홈런을 쳐내며" 성공가도를 달려온 사람들이었다. 이들 모두가 최고 수준의 명문대학을 졸업했고 자기 분야에서도 우수한 성적을 기록했다. 이들은 단지 첫 면접 관문을 통과하기 위해 예리하고 비판적인 맥킨지 컨설턴트들을 감동시키려 애써야 했다. 그런데 입사하자마자 기어를 내리고 평범해지라는 것은 이들 대부분에게 이상하게 들릴 법했다.

그후 몇 년이 지나서야 나는 그 사장의 지혜를 이해할 수 있었다. 그분의 말이 옳은 이유는 다음의 세 가지 때문이다.

- 혼자서 늘 모든 것을 할 수는 없다.
- 그런 식으로 한번 홈런을 날리면 주위 사람들이 지나친 기대를 하게 된다.
- 그러다가 한번 기대에 어긋나면 신뢰 회복이 극히 어렵다.

혼자서 늘 모든 것을 할 수는 없다. 비즈니스 문제는 간단하지 않으며, 맥킨지가 다루는 문제는 더욱 그렇다. 이런 문제를 해결하는 데 다른 팀원을 활용하지 않으면 소중한 자원을 낭비하는 것이다. 이런 원칙은 MBA 졸업장에 아직도 잉크 자국이 남아 있는 풋내기 컨설턴트뿐만 아니라 고참 컨설턴트에게도 반드시 적용된다. 늘 혼자서 원맨쇼를 할 수 있는 지력과 정력을 갖춘 사람은 극히 드물다.

한 번 그렇게 성공하면 주위 사람들이 지나친 기대를 갖게 된다. 잠시 이런 생각을 해 보자. 당신이 초인적인 노력으로 일반적인 기대를 넘어서는 뛰어난 업적을 달성했다. 당신은 장외 홈런을 날렸고 게다가 그때는 만루 상황이었다. 축하한다. 당연히 이제는 상사나 주주(shareholder)들이 당신이 타석에 들어서면 늘 홈런을 칠 거라고 기대하게 된다.

한 번 기대에 어긋나면 신뢰 회복이 극히 어렵다. 맥킨지에서 흔히 하는 말이 있다. 즉, 당신은 최후 프로젝트의 성과에 따라 평가를 받는다. 그래서 한 번 프로젝트를 잘못 하면 과거의 모든 노력이 수포로 돌아간다. EM들은 더 이상 당신을 팀원으로 쓰지 않으려 한다. 당신은 이제 더 이상 흥미로운 프로젝트에 참여할 수 없게 된다. 당신은 자신의 능력을 발휘할 기회를 잃게 된다. 회사에서의 앞길이 막힐 것이다. 새 직장을 구하기 위한 새 이력서나 준비하시라.

주식 시장에서도 이와 같은 일은 일어난다. 어떤 유망한 회사가 매년 20퍼센트의 이익 증가를 달성하면 주가가 크게 치솟는다. 그러다가 단 한 번이라도 조금만 손실을 기록하면 주가가 반전한다. 투자가들은 등을 돌리고 이 회사의 주가는 급락한다. 이렇게 되면 다시 수익성을 회복해도 몇 년이 지나야만 투자가들이 다시 관심을 갖게 된다.

어렸을 때 야구 놀이 판자게임을 한 적이 있다. 당신은 그 당시의 현역 야구 선수들과 전설적인 선수들(베이브 루스, 죠 디마지오 등등)을 섞어서 한 팀을 구성한다. 각 선수들은 안타, 2루타, 홈런, 삼진 등으로 구분된 원형으로 된 종이 판 위에 등장한다. 각각의 영역들의 크기는 각 선수의 경력에 따라 그때그때 변한다. 게임을 하면, 그 원형의 종이를 눈금판 주위에 놓고, 눈금판을 회전시킨다. 눈금판 위의 화살표가 돌다가 멈춰 선 곳이 그 선수가 타석에서 기록한 결과가 된다. 내가 기억하는 한, 베이브 루스나 죠 디마지오, 또는 행크 아론 같은 홈런 왕들은 삼진 영역 또한 가장 넓었다.

  목표를 향해 나아가다가 실패를 하더라도 황홀하게 실패해 볼 필요가 있다는 식으로 이야기하는 사람도 있을 것이다. 마크 맥과이어(Mark McGwire, 미국 메이저리그 1998, 1999 홈런 왕)라면 계속 홈런을 쳐 내고 있는 한 삼진 좀 먹어도 괜찮을지 모른다. 하지만 비즈니스 세계에서 당신은 안타를 쳐 냄으로써 훨씬 더 잘 지낼 수 있다.

큰 그림을 보아라

가끔 자신이 하는 일에서 정신적으로 잠시 물러나 몇 가지 기본적인 질문을 스스로에게 할 필요가 있다. 지금 하는 일이 문제해결에 어떤 도움이 되는가? 이것이 내 사고를 어떻게 발전시키는가? 이것이 지금 내가 할 수 있는 가장 중요한 일인가? 그렇지 않다면 왜 이 일을 하고 있는가?

  고객이나 회사를 위해 어려운 문제를 풀고 있을 때 우리는 종종 수많은 요구 사항 속에서 목표 의식을 잃게 된다. 그렇게 되면 마치 늪에 빠진 채 보이지도 않는 진흙길을 따라가는 것과 같다. 하나의 분석이 다음의 분석으로 이어지며, 다시 또 하나의 분석이 매듭 지워지지 않은 채 그 뒤를 잇곤 한다. 새로운 자료가 도착하면서 또 다른 분석을 요구하며, 우리는 그 일로 낮과 밤을 새우곤 한다.

이 모든 일로 늪에 빠진 기분을 느낄 때 잠시 정신적으로 물러나 자신이 무엇을 얻으려 하고 있는지 생각해 볼 필요가 있다. 이렇게 하면서 우리는 '큰 그림'(당신의 가설을 구성하고 있는 일단의 항목들)을 보아야 한다. 지금 하는 일이 그 큰 그림과 어떻게 일치하는가? 특정한 분석이 지적(知的)으로 옳고 흥미로울 수도 있지만, 그것이 문제해결을 돕지 않으면 시간의 낭비일 뿐이다. 당신이 하는 일의 우선 순위를 생각하라. 당신이 하루에 할 수 있는 일의 양은 제한되어 있다. 정말 곤혹스러운 경우는 당신이 그 어떤 최종 성과물을 도출할 수 없을 때가 아니라, 당신이 도출한 성과물이 문제해결에 가치가 없다는 것을 느낄 때이다.

전에 EM으로 일했던 어떤 사람은 이렇게 얘기했다. "내가 맥킨지에서 일하는 동안 가장 소중하게 배운 교훈은 큰 그림을 보는 것입니다. 잠시 뒤로 물러나 내가 무엇을 얻으려 하고 있는지 검토하고 이렇게 자문하는 것입니다. '이것이 정말로 중요한 일인가?'"

모르면 모른다고 하라

맥킨지의 컨설턴트들은 처음 일을 시작할 때부터 프로 정신에 대해 귀가 따갑도록 듣는다. 그리고 그렇게 하는 것이 당연한 일이기도 하다. 프로 정신의 한 가지 중요한 측면은 정직이다. 고객들에게, 팀원들에게, 그리고 자기 자신에게 정직하라. 정직하다는 것은 아무런 단서를 찾지 못하고 있을 때 그것을 인정하는 것을 포함한다. 괜히 허세를 부리는 것보다 이것이 훨씬 손해를 덜 끼친다.

〈포춘〉 50대 기업인 고객 기업에서 중요한 회의를 갖던 아침이었다. 그날 아침 우리 팀은 우리 프리젠테이션의 다양한 측면을 검토하고 있었다. 그리고 나는 내가 맡은 부분을 이미 숙지하고 있었다. 나는 새벽 4시까지 일하면서 내가 맡은 부분의 검토를 끝냈고 준비도 다 된 상태였다. 나는 지쳐 있었고, 나와는 상관도 없고 내가 아는 것도 없던 부분으로 회의가 계속되자, 나는 잠이라는 달콤한 행복 속에 빠져들었다. 다른 팀원들이 다양한 측면을 토론하는 얘기는 들렸지만, 그들의 말은 내 머리에 들어오지 않았다.

그러다가 갑자기 팀장이었던 존이 나에게 질문을 하자 달콤했던 꿈은 온데 간데 없이 증발해 버렸다. "에단, 자네는 수지의 지적에 대해 어떻게 생각하나?" 순간 충격과 두려움이 스쳐갔고 나는 집중해서 방금 얘기하던 것을 기억해 보려 했다. 명문대학과 경영대학원에서 갈고 닦은 반사신경이 힘을 발휘하면서 나는 그런 대로 몇 마디를 지껄일 수 있었다. 물론 그것은 달리는 말의 분비물과도 같은 그런 얘기였다.

만일 내가 존에게 "솔직히 잘 모르겠습니다. 그 문제는 처음으로 대하는 것입니다"라고 얘기했다면 아무 문제도 일어나지 않았을 것이다. 혹은 "죄송합니다. 잠시 딴 생각을 하고 있었습니다"라고 이야기했더라도 존은 내 처지를 이해했을 것이다. 어쨌거나 존도 여느 맥킨지 사람들처럼 그런 상황을 경험한 적이 있었으니까. 하지만 나는 거짓말을 하려 했고, 그렇게 해서 스스로 창피를 당하고 말았다.

그로부터 몇 주 후, 그 프로젝트가 끝났을 때, 우리 팀은 뒤풀이를 가졌다. 우리는 멋진 식당에 가서 맥주와 음식을 푸짐하게 시켰다. 팀장 존이 팀원들에게 장난기 섞인 선물들을 선사했다. 존은 나에게 다음과 같은 문구가 적힌 작은 액자를 선물했다. "모르면 모른다고 하라."

그것은 아주 유익한 조언이었으며, 그 액자는 지금도 내 사무실 책상 위에 놓여 있다.

> ## "아는 바 없다"는 말을 인정하지 말라
>
> 조금만 더 생각해 보면 사람들은 언제나 무엇인가 알고 있는 것이 있게 마련이다. 몇몇 예리한 질문을 던져 보라. 그러면 사람들이 알고 있는 사실에 놀라게 될 것이다. 이렇게 알게 된 사실에다 경험적 추론을 결합시켜 보라. 그러면 결국에는 문제해결의 길을 찾게 될 것이다.

사람들에게 사업에 관한 질문을 했을 때 "아는 바 없다"는 답을 들어도 물러서지 말라. "아는 바 없다"는 말은 일종의 상투어이다. 이 말의 진정한 뜻은 "너무 바빠서 그 문제를 생각할 겨를이 없다", 혹은 "내가 그런 것을 알 만큼 똑똑한 사람이 아니다"이거나, 최악의 경우 "난 너무 게을러서 쓸모 있는 대답을 할 수 없다"의 의미이다.

"아는 바 없다"는 말을 인정하지 말라. 대신에 그것을 하나의 도전으로 간주하라. 조각가가 대리석 덩어리를 멋진 조각품으로 바꾸기 위해 계속해서 끌질을 하는 것처럼, 당신도 예리한 질문을 통해 "아는 바 없다"는 반응을 바꿔야 한다.

제이슨 클라인이 새로운 사업부를 만들려고 했을 때, 그는 경쟁업체가 자기 회사보다 10배나 더 많은 투자를 하고 있음을 알고 있었다. 이런 점을 이사회에 어떻게 납득시켜서 더 많은 투자자금을 얻을 수 있었을까? 그가 팀원들에게 경쟁업체의 손익계산서를 작성해 그 회사의 지출 내역을 보이도록 지시했다. 그의 말을 들어보자.

내가 처음 그 일을 하자고 제의했을 때, 팀원들이 이렇게 대답했다. "아는 바가 없는데요." 그래서 내가 그들에게 도전장을 내밀었다. 경쟁자가 광고비로 얼마를 쓰고 있는지 알고 있는가? 모른다. 하지만 나름의 추측은 할 수가 있다. 경쟁자가 생산비로 얼마를 쓰고 있는지 알고 있는가? 모른다. 하지만 경쟁업체가 기사를 만들어 내기 위한 생산 원가를 추측할 수 있고 그것에다 알려진 발행 부수를 곱해서 추론치를 얻을 수 있다. 이런 식으로 일이 진행되었다.

마침내 우리는 순전히 가정에 입각해서 상당히 종합적인 손익계산서를 만들 수 있었다. 물론 그것은 실제와 다소 차이가 날 수도 있었다. 그러나 무슨 상관인가? 중요한 것은 그것이 의사 결정을 내릴 수 있을 만큼은 충분히 정확하다는 점이었다.

남들이 얘기하는 "아는 바 없다"를 인정하지 말아야 하는 것처럼, 자기 스스로도 그것을 용납하지 말아야 하며, 남들이 그것을 인정하기를 기대하지도 말아야 한다. 이것은 "모르면 모른다고 하라"의 뒷면이다. 약간의 생각과 노력만 있으면 대개는 알고 있는 것을 찾아내거나 어떤 문제에 대해 무언가를 알아낼 수 있다 (물론 팀 회의 도중에 잠이 들어 버리지 않았을 경우에).

2부

맥킨지의
업무수행 방식

우리는 1부에서 맥킨지의 문제해결 방식, 즉 사실에 근거하고 가설에 의한 구조화된 방식으로 고객을 위한 해결책을 만드는 과정을 보았다. 이제 2부에서는 맥킨지가 일상적인 업무를 통해 문제해결 방식을 어떻게 수행해 나가는지 살펴 보겠다.

우리는 맥킨지의 프로젝트가 진행되는 과정을 순서대로 살펴 볼 것이다. 먼저 프로젝트의 수주가 있고〔맥킨지는 팔려고(sell) 영업활동을 하지는 않는다〕, 이어서 팀 구성이 있으며, 연구·조사를 거쳐, 브레인스토밍으로 이어진다.

2부의 목표는 전형적인 맥킨지의 프로젝트에 참여하는 것이 어떠한 것인지 경험해 보게 하려는 것이다. 그러나 실제 참여하는 것처럼 6개월 동안 새벽 1시까지 일을 하는 수고는 겪지 말기를 바란다.

4

프로젝트 수주

맥킨지의 프로젝트 수주 방식

맥킨지의 프로젝트 수주 방식은 대부분의 다른 조직들과는 다르다. 왜냐하면, 맥킨지 사람들이면 누구나 말하듯이, 무엇을 팔려고 나서지 않기 때문이다. 팔려고 굳이 나서지 않지만 계속해서 더 많은 일거리가 생기는 것은 분명하다. 따라서 맥킨지의 영업 방식에는 무언가 배울 점이 있다.

그러나 문제해결사로서 고객들의 관심을 이끌어 내는 것은 전투의 절반에 불과하다. 나머지 절반은 성공적으로 문제해결을 해내는 것이다. 맥킨지는 이 점에 대해서도 나름대로의 방식이 있다. 이번 장에서는 맥킨지의 특이한 영업 방식(salesmanship)을 살펴보고, 프로젝트의 규모와 범위를 어떻게 조정하는지를 배우게 된다.

팔려 들지 않는데 어떻게 팔 수 있는가?

비즈니스 문제들은 마치 생쥐와 같다. 생쥐가 당신의 치즈를 파먹기 시작하기 전에는 생쥐는 눈에 잘 뜨이지 않는다. 더 좋은 쥐덫을 만드는 것만으로는 고객들의 관심을 끌 수 없다. 쥐가 없는 사람들은 쥐덫에 관심을 보이지 않는다. 쥐가 눈에 띈 사람들은 당신이 쥐덫을 팔고 있다는 데에 관심을 기울인다. 이런 얘기가 일종의 선문답처럼 들릴지도 모른다. 그러나 때로는 무작정무료 샘플 더미를 갖고 고객을 찾아가는 것이 상품이나 서비스를 파는 올바른 방법이 아닐 때도 있다. 적절한 때를 기다려 준비하고 있다가 필요한 사람들로 하여금 당신이 무엇을 할 수 있는지 알게 해야 한다.

어느 날 밤 10시경에 우리 팀의 파트너였던 도미니크의 사무실로 올라갔다. 그분이 다음날 아침에 보고 싶어하는 서류를 두고 나오기 위해서였다. 놀랍게도 그는 아직도 책상에 앉아 있었다. 내가 그 이유를 물었을 때, 도미니크는 다음날 아침에 고객이 될지 모르는 회사를 위한 '미인대회'가 있다고 말했다.

"행운을 빕니다." 사무실을 나오면서 말했다. "그들에게 이번 일을 팔(sell) 수 있게 되기를 바랍니다."

"아냐, 아냐." 그가 대답했다. "기억해 두게. 맥킨지는 팔지 않는다네."

어쩌면 이 말이 이상하게 들릴지도 모른다. 어떻게 회사가 팔지 않고 맥킨지 같은 큰 회사로 발전할 수 있었을까? 하지만 그것은 사실이다. 맥킨지의 이 희한한 전통은 아주 오래 전부터 시작된 것이다. 맥킨지의 창업주들은, 당시의 다른 법률 및 회계 회사들처럼, 전문 서비스 회사가 광고를 내거나 영업활동을 하는 것이 격에 맞지 않는 일이라고 생각했다.

 이제 시대는 변했을지 몰라도, "팔려 들지 않는다"는 맥킨지의 전통은 아직도 계속되고 있다. 그리고 이런 방식은 컨설팅 업계에서 좋은 효과를 내고 있다. 맥킨지의 중역들은 빌 게이츠나 테드 터너의 사무실에 무조건 전화를 걸어 해결하고 싶은 문제가 있는지 묻는 법이 없다. 이 회사는 〈포춘〉과 같은 전문 잡지에 광고를 내고 컨설팅 비용을 할인한다고 알리지도 않는다. 물론 파트너들의 보수는 각자가 수주하는 프로젝트의 양에 크게 의존한다. 그러나 어떤 파트너도 프로젝트를 얻으려고 기업체를 방문하지는 않는다. 대신에 이들은 전화벨이 울리기를 기다린다.

 그리고 정말로 전화벨이 울리는데, 그것은 맥킨지가 판매를 하기 때문이 아니라 수요를 창출하기 때문이다. 맥킨지는 여러 가지 방식으로 이 일을 하는데, 이것들 모두가 컨설팅을 원하는 기업들이 가장 먼저 맥킨지의 각 지역별 사무소에 전화를 하도록 고안되어 있다. 회사는 꾸준히 출판물을 내고 있는데, 그중 일부는, 피터스와 워터만의 《탁월함을 찾아서(In Search of Excellence)》의 경우처럼 아주 큰 영향력을 갖고 있다. 맥킨지는 또한 자체 학술지인 〈맥킨지 분기별 보고서(The Mckinsey Quarterly)〉를 발행해서 무료로 고객과 전직 컨설턴트들에게 보내는데 이들 중 많은 이들이 장차 고객이 될 수 있는 회사에서 경영자로 일하고 있다. 맥킨지는 언론의 많은 취재를 받고 또 기고를 하기도 한다. 맥킨지의 많은 파트너들은 세계적인 유명 인사로 알려져 있기도 하다. 상원 은행위원회에 자문을 했던 로웰 브라이언, 그리고 일본에서 '경영의 신(The God of Management)'으로 알려지고 있는 게니치 오마에 등이 그들이다.

맥킨지는 또 잠재적인 고객들과도 폭넓은 비공식적 네트워크를 형성하고 있다. 맥킨지는 파트너들이 다양한 활동에 참여하면서 자선단체와 박물관, 그리고 문화·학술 단체 등의 이사로 활동할 것을 장려한다. 이런 단체들의 이사들 가운데는 주요 기업들의 중역들이 많아서 자연스럽게 고객으로 이어진다. 아울러 맥킨지의 컨설턴트들은 업계의 세미나에서 연사로도 활동한다. 파트너들은 이전의 고객들과 가끔씩 모임을 갖고 맥킨지가 했던 프로젝트의 성과를 확인해 볼 뿐 아니라, 새로운 문제가 생길 경우를 대비해 그 회사와 긴밀한 관계를 유지하려고 노력한다.

이런 활동을 영업 행위라고 할 수는 없지만 이런 활동이 있기 때문에 사람들은 맥킨지의 존재와 능력을 알게 된다. 그리고 그 결과 회사의 전화벨은 계속 울리게 된다.

상품을 파는 사람은 판촉의 일환으로 전화를 해야 한다. 그리고 어떤 사람들은 이런 활동을 재미있는 것으로 생각한다. 그러나 가장 우수한 방문판매 사원도 수요를 창출할 수 있어야 한다.

당신이 억만장자 투자가인 워런 버핏(Warren Buffet)과 같은 자선단체에서 일을 할 수는 없어도 나름의 방식으로 유망 고객들과 접촉할 수는 있다. 이를테면 상품 박람회, 업계 세미나, 혹은 적절한 술집에서도 자신을 알릴 기회를 찾을 수 있다. 여러분의 전문 분야와 관련한 업계 출판물이 있는가? 이런 간행물은 늘 업계 인사들에게 관심의 대상이 된다. 이런 곳에 좋은 기사를 보내면 사람들에게 자신을 널리 알릴 수 있다. 경쟁자들을 만나는 것도 크게 도움이 된다. 지금의 경쟁자가 업종을 바꿔서 나중에 고객이 될 수도 있다. 그들에게 자신을 알려라! 이런 모든 활동을 통해 여러분은 자신의 존재와 능력을 널리 알릴 수 있고, 그들이 필요로 할 때 당신은 그 부족함을 채울 수 있는 사람으로 인식될 수 있게 된다.

약속을 하는 데는 신중하라 — 프로젝트를 설계하는 법

프로젝트를 설계할 때, 컨설턴트로서 서비스를 판매하건 내부자로서 해당 조직의 문제를 해결하건, 소화할 수 없을 정도로 덥석 물지 말라. 자신이 할 수 있는 분명한 한계를 설정하라. 이렇게 할 때 당신은 성취 가능한 목표를 위해 일할 수 있고 고객을 만족시킬 수 있다.

고객들이 문제를 갖고 맥킨지에 올 때, 이들은 그것이 금방 쉽게 해결되기를 원한다. 다행히도 대부분의 고객들은 이런 기대가 비현실적인 것임을 이해한다. 그렇기는 해도, 프로젝트를 설계할 때, 맥킨지의 전문가들은 최소한의 시간에 최대한의 결과를 내야 할 많은 압력을 받게 된다. 맥킨지는 시간 단위로 비용을 청구하며, 이런 시간들은 결코 값싼 것이 아니다.

프로젝트 설계는 대개 ED가 맡는데, 이들은 고객의 요구와 맥킨지 팀의 입장 사이에서 절충을 한다. 맥킨지의 팀은 대체적으로 매우 열심히 작업을 수행하지만, 이들에게도 나름의 한계는 있다. 이들에게는 나름의 생활도 있어서 때로는 그것을 즐기고 싶어한다. 따라서 ED가 해야 할 일은 고객이 바라는 것과 고객이 쓸 수 있는 예산 범위를 맥킨지 팀의 한계와 조율하는 것이다. 이렇게 상반되는 요인이 가장 잘 조율된 이상적인 프로젝트는

4～6명의 컨설턴트로 이루어진 팀이 3～6개월 사이에 완성할 수 있는, 그리고 고객에게 '실질적인 결과'를 제공할 수 있는 작업량이다.

맥킨지의 팀이 고객 기업에서 시간을 보낼 때, 컨설턴트들은 거의 언제나 새로운 문제점들을 발견하곤 한다. 그러나 이런 문제들은 다른 시간에 다른 프로젝트를 통해 따로 다루어져야 한다. 그 결과 맥킨지의 프로젝트는 새로운 프로젝트를 만들어내는 경향이 있다. 이렇기 때문에, 고객이 맥킨지가 만들어내는 최종 결과에 만족하는 한, 맥킨지는 계속해서 새로운 사업을 맡게 될 가능성이 크다(그리고 이런 사업에 대해서는 다른 컨설팅 업체와 경쟁할 필요가 없다).

맥킨지는 자신들의 팀이 특정 기간에 얼마 만큼의 일을 할 수 있는지를 계산하는 데 아주 뛰어나다. 유능한 ED는 고객과 팀의 상충하는 요구를 멋지게 조율할 수 있다. 이들은 고객에게 이렇게 얘기한다. "우리는 X와 Y를 해결할 것입니다. 우리가 Z도 해결할 수는 있지만, 그렇게 되면 팀에 너무 부담이 됩니다." 그리고 팀에게는 이렇게 얘기한다. "우리는 고객에게 Z를 해결할 것이라고 이미 약속했다네. 그러니 우리는 약속을 지켜야만 하네." 그러고는 팀을 한계에 도달할 때까지 일하게 만들면서, 고객에게는 지불한 대가에 상응하는 결과는 물론, 기대치를 초과하게 한다.

물론 모든 ED가 그렇게 유능한 것은 아니다. 내가 맥킨지에서 근무할 때, 어떤 ED들은 고객에게 지나친 약속을 하고 팀을 혹사시키곤 했다. 이런 ED들은 기피의 대상이 되며, 작업의 최종 결과를 정확히 파악하지 못하고 모든 것을 팀에게 맡기는 ED들도 그러하다.

맥킨지의 경험이 우리가 문제해결 과정을 설계하는 데 어떤 교훈을 주는가? 당신이 외부의 고객에게 제안을 하는 컨설턴트라면 그 답은 간단하다. 즉, 당신이 (그리고 당신의 팀이) 할 수 있는 것 이상을 약속하지 말고, 최종 결과가 어떻게 될 것인지를 확실히 알라.

만일 당신의 상사가 사무실에 들어와서 이렇게 얘기하면, "우리에게 작은 문제가 있는데, 당신이 팀을 맡아 그것을 해결했으면 좋겠다." 그때는 상황이 약간 더 복잡하다. 무턱대고 기꺼이 프로젝트를 맡으면서 이렇게 얘기하지 말라. "걱정하지 마십시오." 지나치게 자신하면 결국에는 어려움을 자초하게 된다.

해결책을 찾으려고 성급히 문제에 발을 들여놓기 전에 먼저 문제의 범위가 어느 정도인지에 대한 감을 잡아라. 그것이 당신과 당신의 팀이 주어진 시간 안에 해결할 수 있는 성질의 것인가? 그렇지 않다면, 더 많은 시간을 달라고 하든지, 상사와 함께 문제를 수행 가능한 단위로 쪼개는 것이 좋다. 각각의 쪼개진 업무에 대한 최종 결과물이 어떠할지도 추정해 보라. 아울러 목표 달성을 위해 필요한 자원이 무엇인지 파악하고, 그것이 확실하게 제공된다는 언질을 상사에게서 받아야 한다. 미리 이런 것들을 하면 몇 달 후에 큰 고생을 하지 않아도 된다.

처음에 작업을 적절히 설계한다고 성공이 보장되는 것은 아닐 수도 있다. 하지만 그렇게 하면 적어도 올바른 시작의 길로 들어설 수 있다.

5
팀을 구성한다

맥킨지의 팀에 대해서

맥킨지에서는 절대로 혼자서 일을 하지 않는다. 모든 것이 팀 방식으로 일어나며, 고객 서비스는 물론이고 회사 안의 의사 결정도 마찬가지이다. 내가 경험한 가장 작은 팀은 나와 내 EM이 뉴욕의 어떤 극단을 위해서 일을 한 경우였다. 그리고 가장 큰 경우에는 대규모 고객을 위해 5, 6명으로 이루어진 여러 팀들이 동시에 현장에서 일을 할 수도 있다. 이런 팀들이 합쳐져서 하나의 '복합팀(metateam)'을 형성한다. 예를 들어 1990년대 초반에 AT&T를 위한 복합팀이 함께 힘을 모아 문제를 해결하고자 했는데, AT&T 본부에는 우리 팀들을 수용할 만한 방이 없어서 결국 뉴저지 근처에 있는 호텔을 예약해야 했다.

맥킨지가 팀에 의존하는 것은 그것이 고객이 직면한 문제를 해결하는 가장 좋은 방법이기 때문이다. 어떤 문제는 아주 복합적이어서 한 사람이 그것을 해결할 수가 없다(적어도 맥킨지의 높은 기준에 부합할 수는 없다). 여럿이 힘을 합치면 더 쉽게 자료를 모아 분석할 수 있으며, 특히 자료의 의미를 해석하는 데 도움이 된다. 여러분도 복잡한 비즈니스 문제를 해결할 때 팀을 구성해서 작업을 하는 것이 좋다. 여럿이 함께 작업을 하면 일이 더 쉬워질 뿐 아니라 더 좋은 결과를 만들 수 있다.

맥킨지는 그 동안 유능한 팀을 만들고 유지하는 수많은 전략을 개발했다. 이번 장에서는 어떻게 좋은 팀을 구성하는지 배우게 될 것이다. 아울러 어려운 여건 속에서 팀이 즐거운 마음으로 생산적으로 일할 수 있게 하는 몇 가지 기술도 배우게 될 것이다.

팀을 세심하게 구성하라

당신이 무작위로 4명의 직원을 골라 문제를 던져주고 해결을 기대할 수는 없다. 어떤 기술과 성격유형이 해당 프로젝트에 가장 적합한지 생각해 보라. 그런 후에 세심하게 팀원을 선정하라.

비즈니스 문제를 성공적으로 해결하기 위해서는 팀을 세심하게 구성해야 한다. 즉, 가용한 인력 자원 중에서 최적의 구성을 찾아야 한다. 맥킨지는 전세계에 유능하고 명석한 인재들을 갖고 있으며 이들의 강점과 약점을 자세하게 파악하고 있다. 이런 이점을 갖고 있어도 EM과 ED들은 팀 구성의 예술을 배워야만 한다. 그리고 비록 똑같은 수준의 인재를 불러모을 수는 없더라도 이들의 경험이 여러분의 문제해결에도 도움이 될 것이다.

맥킨지 사람들은 다음과 같은 팀 구성의 두 가지 이론 가운데 하나를 적용한다. 첫 번째 이론은 팀원의 지적 능력이 전부라고 믿는 것이다. 그들의 경험이나 개인적인 성격에 관계없이 가장 똑똑한 사람들을 선정하는 것이다. 두 번째 이론은 특정한 경험과 자질이 가장 중요하다고 믿는 것이다. 지적 능력은 맥킨지에서 이미 당연한 것이다. 똑똑한 사람이 아니라면 맥킨지에 들어오지 못했을 것이다.

두 이론 모두 완벽하게 맞는 것은 아니다. 그러나 두 이론 모두 완전히 틀린 것도 아니다. 적절한 팀 구성은 문제에 따라, 그리고 고객에 따라 달라진다. 어떤 문제는 상당한 수준의 분석 능력으로만 해결될 수도 있다. 예를 들어, 해독해야 할 엄청난 양의 복잡한 자료가 있을 때, 우리에게 가장 필요한 사람은 개인적인 경험이나 성격에 관계없이 분석 능력이 뛰어난 사람이다. 반면에, 여러 민감한 결정들을 내려야 하는 대규모 조직 개편 문제를 다룰 때는, 사람을 다루는 능력과 변화관리에 대한 경험이 있는 직원들을 팀원으로 선정해야 한다.

팀 선정의 또 다른 중요한 교훈은 맥킨지의 팀 배치 과정에서 나타난다. 어떤 프로젝트가 시작되면, 해당 EM과 ED가 가용한 회사의 인력 중에서 적절한 직원들을 선발한다. 인력 관리자가 그들에게 가용한 인력을 알려주고 각 직원들의 경험과 분석 능력, 혹은 고객관리 능력에 대한 인사자료가 기록된 문서를 전달한다. 팀원 선정의 가장 큰 실수는 이런 기록에 적힌 평가를 액면 그대로 믿는 데서 비롯된다. 현명한 EM들은 '언제나' 팀원을 결정하기 전에 그들과 직접 얘기를 나눈다.

마찬가지로 여러분도 어떤 과제를 시작하기 위해 팀원을 선정할 때 '겉보기에' 좋은 사람들을 무조건 택해서는 안 된다. 그들을 직접 만나 보라. 그들과 얘기를 나누어라. 그들에 대한 평가 서류에 미처 담기지 못한 점을 살펴라. 어쩌면 샐리가 지난번에는 운이 좋았을지도 모른다. 어쩌면 피트가 사장의 조카라서 지난번에 상사가 그에 대한 진실을 감히 얘기하지 못했는지도 모른다(물론 피트가 사장의 조카라면 할 수 없이 팀원으로 써야 할 것이다). 어쩌면 캐롤이 영리할지는 몰라도 실제로 얘기를 나눠보면 함께 일하기 어려운 사람으로 드러날지도 모른다.

기억해 두라. 당신이 함께 일하고 싶은 팀원을 고를 수 있다면 현명하게 골라야 한다.

조금만 신경 쓰면 좋은 팀웍을 만들 수 있다

팀원들끼리 사이가 좋을 때 팀의 실적이 더 좋아지고 일하기가 더 쉬운 것은 자명하다. 팀의 리더인 당신은 팀웍이 잘 유지되도록 신경을 써야만 한다. 그 일을 성가신 것으로 생각하지 말라.

맥킨지 사람들에게 팀웍을 제고하기 위한 활동은 당연한 것이다. 이들은 프로젝트를 추진하면서 적어도 몇 번은 멋진 식당에 가거나 맥킨지의(궁극적으로는 고객의) 비용으로 연극이나 경기를 보러 간다. 어떤 ED는 팀원들과 플로리다에 가서 멋진 주말을 보내기도 했다.

팀의 리더로서 당신이 생각할 문제는 공식적인 팀웍 유지 활동이 얼마나 필요한가이다. 맥킨지에서 일했던 많은 사람들과 얘기한 후에, 그리고 내 자신의 경험에 비추어 보면, 나는 솔직히 그렇게 많은 활동이 필요 없다고 얘기한다. 우리가 조금만 신경 쓰면 좋은 팀웍을 만들 수 있다. 팀의 리더로서 당신에게는 훨씬 더 중요한 일이 있다. 즉, 사기를 유지시키는 일이다(자세한 내용은 다음절을 참고하라). 전에 SEM으로 일했던 에이브는 이렇게 얘기했다.

> 나는 공식적인 팀웍 유지 활동이 그렇게까지 중요하다고는 생각하지 않는다. 중요한 것은 팀이 함께 어울려 잘 돌아가는 것이며, 이것은 어떤 프로젝트를 하는 과정에서 이루어질 수도 있고 그렇지 않을 수도 있다. 아울러 각자가 존경을 받고 그들의 생각이 존경받는다고 느끼는 것도 중요하다.

팀웍 유지는 이런 것이 아니다. "팀원들에게 충분히 많은 저녁을 샀는가? 함께 영화 구경을 갔는가? 함께 서커스 구경을 갔는가?" 대부분의 사람들은, 심지어 일에 매달려 사는 사람들도, 개인적인 생활을 갖고 싶어한다. 그들은 가족과 함께 있고 싶어한다. 내가 볼 때는 이것이 서커스 구경을 가는 것보다 더 중요하다.

팀의 결속이 잘 이루어진다면, 대개 그것은 일을 하는 과정에서 이루어진다. 전형적인 맥킨지의 팀은 하루에 10~14시간까지 고객 기업에서 일을 하며, 주말에도 사무실에서 하루를 더 근무한다. 이것만으로도 팀의 결속을 위한 시간은 충분하다. 그리고 외부에서 일을 하는 동안에 팀원들은 함께 저녁식사를 하는 경우가 많다. 그런데 왜 또 팀원들의 시간을 빼앗을 필요가 있겠는가? 팀의 결속이 일을 통해 잘 유지되지 않을 때 멋진 저녁식사가 무슨 소용이 있겠는가? 그렇게 한다고 업무 불화가 해소될 수 있는가?

따라서 팀을 관리할 때는 팀웍 유지 활동을 선택적으로 해야 한다. 팀원들의 '가족들, 즉 소중한 사람들' 을 참여시키도록 노력해 보라. 이것은 서로 소중하게 생각하는 사람들이 무엇을 하고 있는지, 그리고 팀원들 서로를 이해하는 데 도움을 준다. 무엇보다도 팀원들의 시간을 존중해야 한다. 전에 맥킨지에서 일을 했던 한 사람이 말하길, 팀원들과의 식사는 점심이 좋았는데, 왜냐하면 저녁시간을 개인적으로 활용할 수 있기 때문이라고 했다. 그 사람의 EM은 직원들에게도 자신들의 생활이 있음을 이해하고 있었다.

사기를 유지하기 위해 팀의 체온을 재 보라

팀의 사기를 유지하는 일은 지속적인 책임이다. 리더가 이것을 무시하면 팀의 실적은 좋아질 수 없다. 자신의 팀이 어떤 기분인지 늘 확인해야 한다.

맥킨지에서 일하는 동안 나는 결과가 좋지 않은 두 번의 프로젝트를 경험했다. 그리고 두 번의 과제 모두 고객 기업의 파벌 싸움이 문제였다. 맥킨지의 팀은 고객 기업의 파벌 싸움 한 가운데에서 축구공이 되었다. 처음 실패한 과제가 끝난 뒤 나는 우리가 성공하지 못했음을 알았지만, 계속해서 다음 번 프로젝트에 참여할 준비가 되어 있었다. 그러나 다른 실패한 프로젝트의 경우, 프로젝트를 마치고 나자 회사를 그만두고 싶은 마음이었다(하지만 실제로 회사를 그만두지는 않았다. 대신에 나는 일주일 동안 스키 여행을 갔다 와서 기분이 나아졌다). 왜 이렇게 서로 다른 반응이 나왔을까? 바로 사기(士氣) 때문이다.

내 '나쁜' EM은 (이름을 밝히지는 않을 것인데) 일종의 '버섯 재배 방식'으로 팀을 관리했다. 그 방법은 '그들을 거름으로 덮고 어둠 속에 두어라'라는 식이었다. 그래서 우리 컨설턴트들은 일이 어떻게 되어 가는지 도무지 알 수가 없었다. 그리고 나는 내가 하는 일이 팀이나 고객에게 가치가 있는 것인지 확신할 수 없었다. 반면에 내 '좋은' EM은 일이 어떻게 되고 있는지 늘 우리에게 알렸다. 그리고 비크는 자신이 모르면 모른다고 얘기했다. 우리는 파벌 싸움에 대해서 알고 있었고 그것을 이해했다. 그래서 우리는 더 편안한 마음으로 그 일에 대처할 수 있었다. 비크는 또 늘 대화의 문을 열어 두었으며, 고객뿐 아니라 우리에게도 세심하게 신경을 썼다.

팀의 사기를 유지하는 비결이 무엇인가? 하나의 비결은 없으며, 단지 몇몇 간단한 원칙들이 있을 뿐이다.

팀의 체온을 재라. 팀원들과 얘기를 하라. 그들이 하는 일에 만족하고 있는지 확인해 보라. 그들이 무엇을 하고 있는지, 혹은 왜 그 일을 하고 있는지 의문이 없게 하라. 팀원들이 만족스럽게 일하고 있지 않다면 빨리 대응책을 강구하라.

일관성을 유지하라. 당신의 팀이 하는 활동에 대해서 늘 변덕을 부리면, 팀원들은 혼란 속에서 사기를 잃게 된다. 자신의 가는 길을 알고 일관성을 유지하라. 그것을 알기 위해 하루를 더 써야 한다면 거기에 시간을 써라. 변화가 필요할 때는 팀원들에게 그것을 알리고 이유를 설명하라. 그리고 팀원들이 당신의 생각을 돕거나 적어도 그것을 알게 하라.

팀원들이 그 일을 왜 하는 것인지 알게 하라. 사람들은 자신들이 하는 일이 고객에게 도움이 된다고 느끼기를 원한다. 어떤 일을 하면서도 그것이 무의미하다고 느끼는 것처럼 사기가 떨어지는 경우도 없다. 어떤 팀원도 이런 기분이 들게 해서는 안 된다. "내 인생의 2주를 아무 의미도 없이 보내고 말았다."

팀원들을 존경심으로 대하라. 사람들을 존경심으로 대하지 않는 데는 변명이 있을 수 없다. 이런 일은 결코 프로가 할 일이 아니다. 존경심은 단순한 정중함을 의미하지 않는다. 이것은 팀원들에게 당신과는 다른 우선 순위가 있을 수도 있음을 기억하고, 그들에게 일이 아닌 자신만의 삶이 있을 수도 있음을 아는 것이다. 당신은 일주일에 6일을 자정까지 일하고 싶어할 수도 있지만, 팀원들은 그보다 더 좋은 일이 있을지도 모른다. 물론 때로는 팀 전체가 초과 근무를 할 필요도 있지만, 밤 10시에 팀 모임을 해야 한다면 그 전에 그것이 반드시 필요한 경우임을 알려야만 한다. 존경심은 당신이 하지 않으려는 일이나 해 본 적이 없는 일을 누군가에게 지시하지 않는 것을 의미한다. 내 경우에는 내가 한밤중에 사무실에 있을 때 내 EM도 그곳에 있음을 알고 기분이 나아지곤 했다.

팀원들을 인간적으로 알아야 한다. 그들이 결혼을 했는가? 그들에게 아이가 있는가? 그들의 취미는 무엇인가? 이런 것을 알면 그들을 이해하는 데 도움이 된다. 그리고 자신에 대해서도 나름대로 알릴 필요가 있다. 그러면 팀원들은 당신을 '그들'이 아닌 '우리'의 일부라고 생각하게 된다. 사실은 이것이 팀원들을 야구장에 데려가는 것보다 팀웍을 유지하는 데 더 좋은 방법이다.

상황이 어려워지면 빌 클린턴식 접근법을 사용하라. 때로는 내가 겪은 나쁜 경우처럼 잘못 대접받을 수도 있다. 해결할 문제도 어렵고 고객도 까다로운 것이다. 이럴 때는 팀원들에게 이렇게 말하는 것 말고 할 일이 별로 없다. "당신들의 고통을 나도 안다." 어떤 때는 군인처럼 묵묵히 지고 나갈 수밖에 없다. 이것이 인생이다.

여러 달 동안 복잡한 사업 문제를 해결한다는 것은 결코 장밋빛으로 가득한 경험일 수는 없다. 그러나 사기 유지를 위한 원칙들을 따르면, 작업이 끝났을 때 적어도 팀원들이 회사를 떠나고 싶은 기분을 느끼지는 않을 것이다.

6
계층구조의 관리

맥킨지의 명령 체계에 대하여

맥킨지는 계층구조라는 개념에 대해 일종의 상반된 성격을 갖고 있다. 이 회사에는 진정한 계층구조가 아예 없다고 주장하는 것이다. 그러나 다른 한편으로 맥킨지 사람들은 적어도 두 가지 계층구조가 있다고 얘기한다. 이런 주장들은 모두가 맞는 것이다.

나는 맥킨지보다 더 평등한 조직을 생각할 수 없다. 나는 신입 컨설턴트(associate) 시절에 사전 약속 없이 내 ED의 사무실에 들어가 프로젝트에 대해 마음대로 얘기할 수 있었다. 맥킨지의 모임에서는 모든 아이디어가, 가장 젊은 신입 컨설턴트의 것이건 가장 고참 파트너의 것이건, 같은 무게를 갖고 그에 따라 토의되고 비판받는다(적어도 이것이 일반적인 생각이며, 실제로도 대개 그러하다).

그와 동시에 맥킨지에는 분명한 명령 체계가 있다. 이사들과 때로는 파트너들이 회사의 방침에 대해 결정을 내리고, EM과 컨설턴트, 그리고 사무 직원들이 그들의 결정에 따라 일을 한다. 내가 어떤 문제에 대해 내 EM과 의견이 다른 상태가 계속된다면, 결국에는 EM의 의견이 이기게 된다. 마찬가지로, 내 ED의 의견은 내 EM의 의견을 압도한다.

그러나 맥킨지에는 또 하나의 비공식적인 계층구조가 있다. 이것은 경험과 신망에 근거한 것으로, 그 사람이 얼마나 훌륭한가 (혹은 얼마나 훌륭한 것으로 생각되는가)의 문제이다. 각각의 단계에서 몇몇 사람들은 '스타(star)'로 알려져 있다. 스타에 해당하는 신입컨설턴트들은 자기 뜻대로 프로젝트를 고를 수 있고, 뛰어난 EM에게는 많은 신입컨설턴트들이 달라붙으려 하며, 모두가 최고의 ED와 DCS를 스승이나 후견인으로 삼으려 한다. 반면에 실적이 좋지 못한 신입컨설턴트들은 회사에서 오래 버티지 못한다. 한번 잘못 프로젝트를 하고 나면 어떤 EM이나 ED도 그들을 팀원으로 쓰지 않으려 한다. 마찬가지로, 신입컨설턴트들도 어떤 EM을 피해야 하고 어떤 ED가 물을 먹었는지 대체로 안다.

어느 조직이든지 계층구조를 관리하는 나름의 방식이 있다. 당신의 조직은 맥킨지의 조직과 전혀 다를 수도 있다. 그러나 맥킨지 사람들이 배운 몇 가지 교훈이 당신의 조직에서도 효과를 발휘할 수 있다. 이런 교훈을 통해 당신도 곤경에서 벗어나 남보다 앞서갈 수 있다.

상사의 체면을 살려 주어라

당신이 상사의 체면을 살려 주면, 상사도 당신의 체면을 살려 줄 것이다. 이것이 조직 생활의 기본 원리이다.

내가 일 년차 컨설턴트였을 때, 몇 주 동안 고생해서 고객을 위해 경쟁업체에 대한 종합적인 분석을 한 적이 있다. 마침내 내 작업 결과를 대단히 보수적이고 연공서열을 따지는 한 제조회사의 최고 경영진에게 제시할 때가 되었을 때, 나는 너무 '풋내기'여서 그 프리젠테이션을 할 수가 없었다. 대신에 그 일을 내 EM이 맡았다. 나는 실망했지만 그러나 그런 결정의 배경을 이해할 수 있었다.

이제 내가 해야 하는 일은 몇 시간에 걸쳐 내가 한 분석을 내 EM이 대신 발표할 수 있도록 하는 것이었다. 다음날 EM은 프리젠테이션을 아주 자신 있게 전달했다. 고객 기업의 경영자들이 질문을 했을 때, 내 EM이 그것들에 대답을 했다. 그 동안 나는 메모를 건네주고, 은밀하게 귀에 속삭이고, 보고서에 있는 중요한 사항들을 지적했다. 고객 기업의 경영자들은 그 제안과 내 EM에게 높은 점수를 주었다. 그리고 (내 상사인) EM과 (내 상사의 상사인) ED가 나에게 높은 점수를 주었다. 나는 내가 맡은 일을 완수했고, 우리 회사는 그것에 대해 기억할 것이었다.

어떤 조직에서든지 일상 생활에서 당신에게 가장 중요한 사람은 당신의 상사이다. 특히 당신의 팀이 본사에서 멀리 떨어진 다른 도시나 외국에서 일을 할 때 상사의 중요성은 훨씬 더 커진다. 어쩌면 상사가 조직에서 당신을 볼 수 있는 유일한 사람일 수도 있다. 따라서 상사를 기쁘게 하는 것이 좋다. 그리고 이를 위해서는 상사의 체면을 살려줘야 한다.

상사의 체면을 살려준다는 것은 두 가지를 의미한다. 첫째, 그것은 당신의 임무를 최대한 성실하게 수행하는 것을 의미한다. 당연히, 당신이 최상의 작업 결과를 낼 때, 당신 상사의 업무는 더 쉬워질 것이다. 둘째, 상사가 원하면 당신이 아는 모든 것을 그 사람도 알게 하라. 정보가 흐르게 하라. 당신이 어디 있는지, 당신이 무엇을 하는지, 그리고 당신이 어떤 문제를 갖고 있는지 상사가 알게 하라. 그와 동시에 상사에게 너무 많은 정보로 부담을 주지 말라. 상사가 무엇을 알고 싶은지, 혹은 무엇을 알 필요가 있는지 생각하라. 세심하게 준비된 E-메일이나 음성 우편으로 정보를 전달하라.

이런 일을 제대로 하면 당신에게는 물론 상사에게도 도움이 된다. 다시 말해서, 상사의 체면을 살려주면, 당신의 체면도 살게 된다.

계층구조를 관리하는 적극적인 전략

당신에게 그럴 배짱만 있다면 조직에서 동등함을 주장하라. 누군가 그렇게 하지 말라고 충고하기 전까지는 계속해서 그렇게 하라. 물론 이것은 누구에게나 맞는 전략이 아니다.

헤미시 맥더멋은 캠브리지 대학원에서 철학을 전공한 후에 갓 입사한 신입사원이었다. 그는 입사하자마자 고참 파트너인 로웰 브라이언을 위한 내부적인 연구 활동—맥킨지에서 PD(practice development)라고 부르는 것—을 맡게 되었다. 로웰이 은행 파산을 다룬 책의 2장을 끝낸 후에 헤미시와 다른 팀원들에게 의견을 물었다. 헤미시가 로웰의 말을 액면 그대로 받아들인 후 2장에 있는 모든 논리적 결점에 대해 과감하게 지적했다. 그의 말을 들어보자.

그렇게 해서 나는 회사에 들어온 지 일주일 만에 금융 분야의 리더에게 그가 논리적으로 어떻게 틀렸는지, 그리고 그의 주장이 어떻게 잘못되었는지 지적하고 있었다. 물론 나는 아주 딱딱하고 우월한 어조를 사용했다. 나는 마치 캠브리지에서 시험 답안지를 채점하는 조교처럼 써 나갔다. "아무개 씨가 자신의 주장을 입증하려고 무척 애를 썼지만, 그의 주장은 다음 16가지 이유에서 잘못되었다."

로웰은 당시 회사 밖에서 일하고 있었는데, 헤미시가 자신의 지적을 그에게 팩스로 송신했다. 그러면서 그것을 자신의 EM에게 보여주지도 않았다. 많은 기업에서 이런 일은 헤미시의 해고 사유로 충분했을 것이다. 그러나 로웰은 그것을 받아들였다. 헤미시의 EM은 나중에 그가 좀더 조심스럽게 논평했어야 했다고 지적했다. 하지만 실제로 책이 나왔을 때, 로웰은 헤미시에게 그 책을 한 권 주면서 이런 말을 적어 주었다. "도움에 감사하네. 특히 2장에 대한 지적이 좋았네." 그후 헤미시는 회사에서 아주 성공적인 경력을 쌓았다.

이 이야기가 보여주는 것은, 적어도 성과 위주의 조직에서는,

누군가 제동을 걸기 전까지는 자신의 동등함을 주장할 수 있다는 것이다. 물론 이런 일이 자주 일어나지는 않는다. 다시 헤미시의 말을 들어보자.

어쩌면 너무 지나친 일일 수도 있다. 그러나 때로는 성공적인 컨설턴트가 되기 위해 자신을 내세울 필요도 있다. 우리는 왕왕 우리가 무언가를 할 수 있다고 보여줘야 할 필요가 있다. 우리는 종종 우리에게 그렇게 할 공식적인 권위가 없을 때라도 무엇인가를 특별히 잘할 수 있다거나 누군가에게 얘기를 해야만 한다거나, 어떤 종류의 정보를 얻을 수 있다는 것을 보여줘야 한다.

이것은 위험성이 큰 전략이며, 조직의 위계질서가 엄할수록 위험성도 더 커진다. 더 엄격한 조직에서는 더 조심성을 갖고 자신의 한계가 어디인지 알아야 한다. 그리고 재빨리 물러설 준비도 되어 있어야 한다. 그렇지 않으면 누군가 당신을 짓밟게 될 것이다.

7
연구 · 조사를 하는 법

맥킨지의 연구 · 조사에 대해서

맥킨지의 문제해결 과정은 연구 · 조사로부터 시작한다. 팀이 초기가설을 세우기 전에, 팀이 문제를 부분들로 나누고 핵심 요인을 찾기 전에, 무엇보다 먼저 정보를 얻어야만 한다.

맥킨지에 처음 입사한 후에 신입컨설턴트는 정보를 수집하는 데 대부분의 시간을 보내게 된다. 그 출처는 회사의 도서실이 될 수도 있고, 여러 데이터베이스가 될 수도 있고, 혹은 인터넷이 될 수도 있다. 어쨌든 정보를 모으고, 거르고, 분석하는 것이 신입컨설턴트가 닦아야 할 가장 중요한 기술이다.

그 결과 맥킨지 사람들은 연구 · 조사를 효과적으로 할 수 있는 수많은 기법을 배운다. 당신도 이런 기법을 사용해서 당신의 사업 문제에 적절한 해답을 얻을 수 있다.

이미 있는 것을 활용하라 2

당신이 어떤 문제를 다루건, 누군가가 비슷한 일을 미리 했을 가능성이 높다. 때로는 그 사람이 당신의 조직 내에 있는 사람일 경우 전화만 걸면 모든 문제에 답을 줄 수도 있다. 때로는 다른 사업부나 다른 회사에 있는 같은 분야의 사람들이 이미 같은 문제를 다뤘을 수도 있다. 그들을 찾아내서 연락을 취하도록 하라. 기초조사를 한 후에 질문을 던져라. 그러면 많은 시간과 노력을 절약할 수 있다. 당신의 시간은 소중한 것이다. 이미 있는 것을 활용해서 시간을 절약하라!

맥킨지에는 PDNet(회사에 의해 이루어진 모든 PD(Practice Development)를 모은 데이터베이스. 이것은 내부 연구자료와 고객과의 프로젝트에서 얻어진 성과를 포괄한다. 기밀을 유지하기 위해, 맥킨지는 고객에 관한 정보를 빼고 시스템에 저장해 둔다)이라는 데이터베이스가 있어서 최근의 작업과 내부 조사에서 비롯된 축적된 정보를 제공한다. 내가 일 년차 신입컨설턴트였을 때, 프로젝트 초기에 했던 일 중의 하나는 PDNet을 검색해서 대상 프로젝트와 관련된 정보를 모으는 것이었다. 비슷한 산업이 무엇인가? 유사한 문제가 무엇인가? 대개의 경우 PDNet에서는 산처럼 많은 정보가 나와서 그것들을 힘들게 분류해야만 했다. 하지만 대부분의 경우 힘든 수고 끝에 무언가 도움이 되는 자료들을 얻을 수 있었다.

맥킨지는 다양한 정보출처를 통해 컨설턴트들의 작업을 효율적으로 도와준다. 이를테면 수많은 서적이나 잡지가 있는 우수한 회사 도서실, 그리고 미국의 온갖 데이터베이스, 그리고 인터넷과 연결된 훌륭한 전산망 같은 것이다. 무엇보다도 맥킨지의 도서실에는 헌신적인 정보 검색가들이 있어서 아주 성실하게 정보를 제공해 준다. 맥킨지에는 또 특정 산업의 동향을 아주 잘 아는 일단의 산업 전문가들이 있다. 이들은 특히 우리가 여러 분야를 짧은 시간에 알아야 할 때 큰 도움이 되었다.

내가 입사한 후 처음 맡은 프로젝트에서 우리의 고객은 아주 큰 컴퓨터 회사의 금융 사업부였다. 이들은 사업을 해외로 확장하는 데 필요한 조언을 원했다. 이들은 특히 외국의 주요 대기업들이 해외 지사를 금융이나 경영면에서 어떻게 통제하는지, 그리고 그 구체적인 방법들의 장·단점은 무엇인지 알고 싶어했다. 내 EM이 나에게 바로 그 부분을 맡겼다. 나는 3주 안에 세계에서 가장 큰 4개의 기업을 자세히 이해하고 우리 고객이 무엇을 배울 수 있는지 알아내야만 했다.

나는 제일 먼저 PDNet을 찾았다. 다행히도 또 다른 맥킨지의 팀이 내 과제의 가장 복잡한 대상 가운데 하나인 다이믈러-벤츠에 대해서 자세한 내용을 최근에 수집해 놓고 있었다. 그날 오후 나는 일주일 동안 힘들게 했을지도 모를 작업을 어렵지 않게 할 수 있었다. 더 중요한 것은 내가 다이믈러-벤츠의 진정한 전문가들 명단을 입수한 것이었다. 나는 그들에게 전화를 해서 추가로 정보를 얻었다. 나는 충분한 시간을 갖고 다른 회사들을 조사할 수 있었으며, 우리 팀은 적절한 자료를 입수해서 고객을 만족시켰다.

당신에게는 PDNet이 없을지도 모른다. 그러나 당신이 큰 조직에서 일한다면 회사의 많은 '지적 자산'에 접근할 수 있을 것이다. 이를테면 데이터베이스, 서류철, 훈련 교재, 혹은 동료 등이 바로 그것이다. 설사 그렇지 않다 해도 당신이 이용할 수 있는 정보는 대단히 많다. 전문 잡지, 신문, 소식지, 그리고 (요즘에 가장 중요한) 인터넷이 그것이 될 수 있다. 지역의 도서관은 어떠한가? 몇 시간만 수고하면 그곳에서 엄청난 정보와 소중한 자료를 얻을 수 있다.

경쟁업체를 아는 것도 필요하다. 많은 비즈니스맨들이 다음과 같은 원칙 하에 일부 정보를 공유하고 있을 것이다. 즉, "돌아다니는 것이 있으면 돌아 들어오는 것도 있다." 가령 여러분이 광고업에 종사한다면, 광고업에 종사하는 다른 사람들이 자주 가는 시내 술집을 찾아가 보라. 그곳에서 동종업계의 정보들을 모아라.

당신이 어떤 문제를 다루건, 어딘가에 있는 누군가가 무언가 비슷한 일을 했을 가능성이 높다. 다른 사람들의 성공과 실패에서 교훈을 얻어라. 자신의 소중한 시간을 잘 사용해서 이미 있는 것을 활용하라!

구체적인 연구·조사의 요령

실전에서 검증된 이 요령들을 사용해서 효율적으로 연구·조사를 수행하라.

이 책을 쓰기 위한 연구·조사 과정에서 나는 수십 명의 전직 맥킨지 직원들을 인터뷰했다. 이들이 나에게 다른 문제들과 더불어 맥킨지에서 성공적으로 일을 하는 데 유익한 여러 조언과 정보를 주었다. 다음은 당신의 연구·조사를 보다 효과적이고 효율적으로 만드는 소중한 조언들이다.

먼저 연차 보고서를 검토하라. 어떤 회사에 대한 자료를 가장 빨리 얻으려면 제일 먼저 연차 보고서(annual report)를 볼 필요가 있다. 이것은 입수하기도 어렵지 않으며(이제는 많은 회사들이 인터넷에도 연차 보고서를 올려놓는다) 단순한 금융자료 외에도 수많은 정보를 제공해 준다.

연차 보고서를 입수하면 먼저 '주주에게 보내는 메시지'나 '회장의 말'을 보는 것이 좋다(이것들은 보고서의 맨 앞에 있다). 이 부분을 세심하게, 그리고 다소 비판적으로 읽으면 전년도에 회사가 어떤 실적을 올렸는가, 경영진이 앞으로 회사를 어떻게 운영할 것인가, 그리고 그런 목표 달성을 위한 전략은 무엇인지를 알 수 있다. 그리고 대개는 주가, 매출, 혹은 주당수익 같은 중요한 금융 지표들을 빠르게 파악할 수 있다. 좀더 깊이 들어가면 회사의 사업부들과 제품군, 각 부서의 장, 그리고 사무실과 공장의 위치 등을 알 수 있다.

기업의 연차 보고서를 가장 먼저 검토함으로써 당신의 연구 조사를 빠르게 본 궤도에 올려놓을 수 있다.

두드러지는 점을 찾아 보라. 특정 분야에 관한 많은 자료를 얻은 후에는 두드러지는 특징을 찾아 보아라. 특별히 좋거나 나쁜 점을 찾아 보는 것이다. 컴퓨터를 사용하면 이런 점을 더 빨리 찾을 수 있다.

예를 들어 당신이 당신 회사의 영업사원에 대한 자료를 모았다고 하자. 각 영업사원의 평균 매출을 입력하고 그것을 그 사원이 다루는 품목 수로 나누어라. 이를테면 지난 3년간의 실적을 계산하라. 그러면 품목에 따른 평균 매출이 나올 것이다. 이런 자료를 분석해서 최고 실적과 최저 실적을 파악하라. 이런 식으로 실적이 좋은 품목과 실적이 나쁜 품목을 찾을 수 있다. 그런 후에 그 원인을 파악하면 문제해결에 큰 도움을 얻을 수 있다.

최상의 모범 사례를 찾아라. 우리는 어떤 것을 아무리 잘 해도 우리보다 더 잘 하는 사람은 있게 마련이라고 흔히 말한다. 이 말은 비즈니스에서도 진리로 통한다. 해당 분야에서 제일 잘 나가는 회사가 무엇을 하는지 알아내서 그것을 모방하라. 많은 경우에 이것이 나쁜 실적을 치료하는 가장 빠른 방법이다.

대개의 경우 최상의 모범 사례는 도서관에서는 찾을 수가 없다. 보다 창의력을 발휘할 필요가 있다. 어떤 경쟁자가 최고 실적을 낼 경우에 그 비결을 말하려 들지는 않을 것이다. 이럴 경우 해당 분야의 다른 사람들과 얘기를 하라. 이를테면 공급자, 고객, 월가의 분석가, 경영대학원의 친구 같은 사람들이다.

때로는 회사 안에서 가장 좋은 사례를 찾을 수도 있다. 어떤 사람, 어떤 팀, 혹은 어떤 사업부가 남들보다 뛰어난 실적을 올리고 있다. 그 이유를 알아내라. 조직 전반에 모범 사례의 성공 비결을 확산시킬 수 있는 방법을 찾아내라. 그 결과는 여러분의 사업에 큰 이익을 안겨 줄 것이다.

8
인터뷰를 하는 방법

맥킨지의 인터뷰 방식에 대하여

맥킨지에서는 프로젝트를 할 때마다 팀의 누군가가 인터뷰를 담당하게 된다. 그리고 대부분의 프로젝트에서 맥킨지 팀은 수많은 인터뷰를 한다. 누군가 늘 팀이 필요로 하는 정보를 갖고 있다. 고객 기업의 중역, 생산 관리자, 공급자, 고객, 업계의 전문가 등이 주요 대상이며 심지어는 경쟁사의 직원들도 인터뷰 대상이 된다. 인터뷰는 맥킨지의 컨설턴트들이 지식의 갭을 메우고 고객의 경험과 지식을 활용하는 방법이다.

인터뷰는 맥킨지의 문제해결 과정에서 아주 중요한 부분이기에 이 책에서 별도의 장으로 다루고 있다. 우리는 전문 잡지나 서적, 혹은 학술 논문 등을 읽어서 많은 것을 배울 수 있다. 그러나 조직의 내부 사정을 자세히 알려면 현장에 있는 사람들의 얘기를 들어야만 한다. 인터뷰는 그 자체로서 하나의 기술이며, 대부분의 사람들은 그 접근 방법을 잘 알지 못한다.

여러분은 맥킨지 방식의 인터뷰가 새로운 분야의 정보를 신속하게 원하는 컨설턴트들에게는 좋은 기술일지 몰라도 통상적인 사람들에게는 별 도움이 안 된다고 생각할지 모른다. 나는 그렇게 생각하지 않는다. 오늘날의 비즈니스 세계에서는 당신이 누구이건, 가장 낮은 직급의 관리자들부터 가장 높은 수준의 최고 경영자까지, 다른 사람의 머리 속에 있는 정보를 필요로 할 때가 있다. 당신이 기업 합병을 추진하는 복합적인 팀의 일원이 될 수도 있다. 당신이 새로운 사업체를 만들어서 운영하라는 지시를 받을 때도 있다. 어떤 경우이건 당신에게 필요한 것은 누군가의 머리에서 정보를 꺼내 영양분을 흡수하고 일에 추진력을 붙이는 것이다. 그리고 그것을 무엇이라고 하건, 우리가 질문을 하고 답을 얻으면 그것이 바로 인터뷰이다.

이번 장에서는 인터뷰의 준비에서부터 감사 편지를 쓰는 데까지 인터뷰의 전체 과정을 살펴본다. 이 책에서 반드시 자세하게 읽어야 할 필요가 있는 장이 있다면 바로 이 장이다. 여러분은 다른 곳에서 찾을 수 없는 소중한 것을 배울 수 있을 것이다.

인터뷰 가이드를 준비하라

인터뷰를 하러 갈 때는 준비를 하라. 어쩌면 다시는 볼 수 없을 사람과 30분의 시간밖에 없을지도 모른다. 따라서 무슨 질문을 할 것인지 미리 알아야 한다.

내가 맥킨지 동창들에게 인터뷰에 관한 좋은 조언을 구할 때마다 모두가 이렇게 대답했다. "인터뷰 가이드를 작성하라." 많은 사람들이 인터뷰 당하는 것을 싫어하거나, 아니면 적어도 당신에게 빼앗기는 시간을 달갑지 않게 생각한다. 인터뷰 가이드는 원하는 것을 얻고 시간을 가장 효과적으로 사용할 수 있게 해 주는 최상의 도구이다.

인터뷰 가이드를 만들 때는 두 가지 관점에서 생각해야 한다. 먼저, 당연한 것이지만, 대답을 구할 필요가 있는 질문들이 무엇인가? 이것을 일목요연하게 적어 보라. 다음에, 더 중요한 것은, 그 인터뷰에서 정말로 원하는 것이 무엇인가? 당신이 무엇을 달성하려는 것인가? 왜 그 사람과 얘기하려는 것인가? 목표를 명확히 하면 질문을 제대로 할 수 있고 올바른 표현으로 질문할 수 있다.

인터뷰 대상자에 대해서 미리 가능한 한 많은 것을 알면 도움이 된다. 그 사람이 까다로운 사장으로서 민감한 질문을 하면 버럭 화를 낼 수도 있는가? 혹은 그 사람이 중간 관리자로서 조직 변화에 대한 자신의 요구가 무시되었던 사람인가? 두 사람 모두 같은 정보를 갖고 있을 수도 있지만, 당신은 각자에게 다른 접근법을 사용해야 한다.

맥킨지에서 우리는 대체로 일반적인 질문부터 시작해서 구체적인 질문으로 넘어가도록 교육받았다. 민감한 문제를 단도직입적으로 묻지 말라. 이를테면 "당신이 맡고 있는 일에 대한 책임은 무엇입니까?" 혹은 "회사에서 근무한 지 얼마나 되었습니까?" 따위의 질문들이다. 그 대신에 업계 전반에 대한 부드러운 질문부터 시작하라. 이런 질문이 인터뷰 대상자의 긴장을 풀고 우호적인 분위기를 만드는 데 도움을 준다.

어떤 질문을 할 것인가에 대해서는, 당신이 대답을 미리 알고 있는 일부 질문을 포함시키는 것이 좋을 것이다. 어쩌면 내키지 않는 일일 수도 있지만, 실제로는 이런 질문이 아주 도움이 된다. 사실에 관한 것을 물어볼 때, '초인종' 구실을 하는 진실 테스트용의 쉬운 것을 물어 봄으로써, 인터뷰 대상자의 정직성이나 지식에 대한 감을 잡을 수 있기 때문이다. 특정 문제들에 대해서는 당신이 답을 '안다고' 생각할 수도 있지만, 그보다 더 많은 것이 있을 수도 있다. 따라서 가능한 한 많은 것을 알아내야 한다.

일단 가이드를 작성하면 그것을 보면서 이렇게 스스로에게 물어 보라. "인터뷰가 끝났을 때 내가 가장 알고 싶어하는 세 가지가 무엇인가?" 이것들이 인터뷰 대상자를 만나러 갈 때 집중해야 하는 것들이다. 즉, 인터뷰를 끝내기 전에 이 세 가지 사항을 반드시 알아내야 하는 것이다. 이러한 것에 대한 대답을 얻어 내지 못할 때도 있고(그럴 경우 뒤에 나오는 '까다로운 인터뷰의 경우'를 참고) 어떤 때는 쉽게 얻을 수도 있다.

마지막으로, 인터뷰 가이드는 내가 맥킨지 질문의 전형이라고 부르는 항목으로 결말을 내야 한다. 모든 질문을 다 했을 때, 혹은 시간이 부족할 때, 가이드를 보지 말고 인터뷰 대상자에게 이렇게 물어야 한다. "특별히 하고 싶거나 내가 빠뜨리고 물어보지 않았다고 생각하는 것이 있습니까?" 대개는 그런 것이 없다고 하겠지만, 가끔씩은 아주 소중한 정보를 얻게 된다. 기억하라. 많은 경우에 인터뷰 대상자는 당신보다 해당 조직에 대해서 더 많은 것을 알고 있다. 그들은 어떤 문제들을 최고 경영진이 놓치고 있는지, 혹은 어디에 중요한 논점이 숨겨져 있는지 알고 있을지도 모른다. 그리고 운이 좋으면 때로는 솔직하게 정보를 제공한다.

인터뷰를 할 때는 경청한 뒤에 인도하라

사람들의 머리 속을 파헤칠 때는 질문을 한 후에 스스로 말하게 하라. 대부분의 사람들은 말하는 것을 좋아하며, 특히 당신이 관심을 갖고 있다고 생각하면 더 좋아한다. 상대방이 말하게 하면서 이따금씩 개입하라.

맥킨지의 컨설턴트들은 인터뷰 기술에 대해서 많은 훈련을 받는다. 우리는 가장 먼저 "당신이 경청함을 상대방이 알게 하라"는 점을 배운다. 이를 위해 우리는 상대방의 말이 끊길 때마다 대화의 흐름을 돕는 어구를 집어넣는다. 이를테면 "그렇군요" "알겠습니다" 혹은 그냥 "아하!"라고 한다(나는 특히 마지막 감탄사를 맥킨지의 신음이라고 얘기한다). "아하!"라는 말은 별 것이 아닌 것 같지만, 그렇게 함으로써 관심을 보여주게 된다(관심이 없을 때도 그러하다!). 그리고 이런 소리를 해 주면 상대방이 시간을 갖고 생각을 정리하거나 호흡을 가다듬을 수 있다.

우리는 또 신체 언어를 통해서 관심을 표현하는 법도 배웠다. 인터뷰 대상자가 말을 할 때, 우리는 그 사람 쪽으로 몸을 약간 굽힌다. 그리고 상대방이 문장을 끝냈을 때, 우리는 고개를 끄덕인다. 우리는 또 항상 메모를 한다. 인터뷰 대상자가 미적거리며 말을 해도(이런 일은 자주 일어난다) 우리는 성실한 자세로 메모를 한다. 맥킨지의 신음처럼 메모 작성도 우리의 관심을 보여주며, 상대방이 무언가 중요한 것을 말할 때는 즉시 기록하게 된다.

물론 이런 기술도 너무 지나치면 안 될 것이다. 맥킨지에서 유명한 어떤 일화에 따르면, 두 사람의 컨설턴트가 고객 기업의 높은 중역과 인터뷰를 하러 갔다. 프로젝트 관리자(EM)가 자신을 소개한 후에 질문을 시작했다. 그리고 중역이 자세하게 대답했다. 인터뷰 도중에 신입컨설턴트(associate)가 계속해서 고개를 끄덕이며 "그렇군요" "알겠습니다" "아하!" 같은 흐름을 돕는 표현들을 넣으면서 죽어라 메모를 받아 적었다. 그 모든 것이 회사에서 배운 그대로였다. 그러면서 그 신입컨설턴트는 한 마디의 질문도 하지 않았다. EM이 추가 질문을 하는 동안에도 신입컨설턴트는 계속해서 고개를 끄덕이며 "아하!"만을 연발했다. 마침내 인터뷰가 끝났을 때, EM이 중역에게 감사의 말을 했고 두 사람이 자리에서 일어났다. 그들이 악수를 하는 동안에 중역이 신입컨설턴트를 가리키며 EM에게 물었다. "저 사람 우리말을 하기는 합니까?"

맥킨지의 컨설턴트들이 인터뷰를 하는 것은 다른 사람에게서 정보와 경험, 그리고 사례를 얻기 위해서이다. 컨설턴트들은 말하기 위해서가 아니라 듣기 위해서 인터뷰를 한다. 이들은 상대방에게 나름의 생각이 있음을 알고 옆길로 새지 않게 만들어야 한다. 이런 과정은 때로 상당히 힘든 것이 될 수도 있다. 나는 전에 아이다호의 고객 공장에서 구매 관리자와 인터뷰를 한 적이 있다. 그 사람은 그 공장의 공급자, 고객, 원자재, 그리고 제조 과정에 대해서 많은 것을 알고 있었다. 하지만 그 사람의 생각은 온통 낚시에만 가 있었다. "낚시를 해 본 적이 있소?" 그 사람이 물었다. "아직은 없습니다. 근처에 오면 언제 한번 같이 갑시다." 나는 그 사람이 좋아하는 얘기를 중간에서 자를 수밖에 없었다. 그것은 아쉬운 일이었지만, 내가 그곳에 간 것은 낚시 이야기를 듣기 위해서가 아니라 정보를 얻기 위해서였다.

상대에게서 정보를 얻으려 할 때 반드시 기억해야 할 점은 당신이 경청하고 있음과 상대방의 말에 관심을 갖고 있음을 알게 하는 것이다. 긍정적인 신체 언어를 사용하고 늘 메모를 받아 적어라. 그리고 마지막으로, 사람들에게서 더 많은 것을 얻으려면, 그들이 무언가를 빠뜨렸는데 그것이 무엇인지 확실히 알지 못할 때, 말을 하는 대신에 침묵을 지켜라. 자연은 진공 상태를 싫어하며, 대부분의 사람들도 그러하다. 대개는 그들이 침묵을 깨기 위해 얘기를 시작할 것이다. 한번 시험해 보라. 때로는 이런 기술이 아주 큰 효과를 발휘한다. 특히 상대방이 미리 '준비된' 얘기만을 했을 때는 더욱 그러하다. 왜냐하면 침묵에 대해서는 준비한 것이 없었을 것이기 때문이다.

성공적인 인터뷰를 위한 7가지 요령

인터뷰를 할 때는 늘 전략적으로 생각하라. 당신에게는 달성해야 할 목표가 있고 시간은 제한되어 있다. 다음에 제시하는 것은 실전에서 확인된 7가지 요령이다. 성공적인 인터뷰를 도와줄 것이다.

1. 상대방의 상사가 모임을 주선하게 하라. 상대방의 상사가 모임을 주선하면 그 인터뷰가 중요한 것이라는 의미를 부여한다. 인터뷰 대상자는 상사가 주선한 것을 알면 당신을 가지고 놀 가능성이 더 적다.

2. 인터뷰는 함께 하라. 혼자서 하는 인터뷰는 효율성이 떨어진다. 당신은 메모를 받아 적느라 너무 바빠서 올바른 질문을 제대로 할 수 없을 것이다. 그리고 인터뷰 대상자가 보내는 비언어적 메시지를 놓치게 될 것이다. 그래서 때로는 동료와 같이 인터뷰를 하는 것이 필요하다. 그렇게 해서 서로 역할을 바꿔 가며 질문과 메모를 번갈아 하면 좋다. 이런 방식은 특히 두 사람 가운데 한 사람이 특정 분야에 전문 지식을 갖고 있을 때 유용하다. 그리고 인터뷰 도중에 일어난 일을 두 사람의 시각으로 분석하면 늘 도움이 된다.

3. 지도하려 들지 말고 경청하라. 대개의 인터뷰의 경우 '예 - 아니오' 식의 질문을 하지는 않을 것이다. 대신에 다양한 질문을 통해 가능한 한 많은 정보를 얻고자 할 것이다. 그리고 이를 위해서는 경청하는 자세가 필요하다. 인터뷰 대상자가 당신보다 해당 분야에 대해서 훨씬 더 많이 알고 있다는 사실을 기억하라. 그리고 대개의 경우 그 사람이 주는 정보는 어떤 식으로든 유용하다.

정보가 흐르게 하는 또 다른 요령이 있다. 그것은 열린 질문을 하는 것이다. '예-아니오' 식 질문이나 사지선다형 질문을 하면 얻는 것이 많지 않다. 예를 들어 어떤 상점의 영업이 가장 바쁜 계절을 알고 싶다고 하자. 당신은 그것이 여름이나 겨울이라고 생각하지만 확신하지는 못한다. 당신이 상점 관리자에게 "가장 바쁜 계절이 여름인가요 겨울인가요?"라고 물으면 그 사람은 여름이라고 말할 수도 있고 겨울이라고 말할 수도 있다. 혹은 이렇게 말할 수도 있다. "사실 그때는 봄입니다." 이 경우에는 당신이 그 분야의 지식 부족을 스스로 밝힌 꼴밖에 안 된다. 그러나 "가장 바쁜 계절이 언제인가요?"라고 물으면 그때는 선택형 질문을 할 때보다 더 좋은 답을 얻고 때로는 보다 구체적인 답도 얻을 수 있게 된다. 이렇게 열린 질문을 하면 결과는 훨씬 더 좋은 것이 된다.

4. 상대방의 말을 다시 반복하고 확인하라. 맥킨지의 컨설턴트들은 인터뷰를 하러 가기 전에 대상자의 대답을 약간 다른 형태로 반복하도록 교육받는다. 이것의 중요성은 아무리 강조해도 지나침이 없다. 대부분의 사람들은 완벽하게 체계적인 방식으로 생각하거나 말하지 않는다. 사람들은 애매한 방식으로 요점을 비켜가거나 중요한 사항들을 별로 상관없는 것들과 뒤섞어 말하곤 한다. 당신이 그들의 말을 다시 반복하면—약간의 구조화된 방식이면 더 좋다—당신이 그 말을 제대로 이해했는지 상대방이 확인해 줄 것이다. 상대방의 말을 풀어서 다시 물어보면 그 사람이 추가 정보를 제공하거나 중요한 사항에 대해 더 자세히 이야기할 수 있게 된다.

5. 우회적으로 접근하라. 어떤 EM이 이끄는 팀에 해군에서 갓 입사

한 신입사원이 있었다. 이들 두 사람은 아주 자세하게 인터뷰 가이드를 작성하고, 고객 기업 중간 관리자와의 인터뷰에서 얻으려고 하는 구체적인 일련의 목표들을 설정했다. 그리고 EM이 신입사원으로 하여금 인터뷰를 주도하게 했다. 신입사원은 고객 기업의 관리자에게 공격적으로 질문 세례를 하며 원하는 정보를 얻고자 했다. 그것은 인터뷰라기보다 일종의 심문 같았다. 당연히 인터뷰를 당하는 사람의 기분을 건드리고 말았다. 고객 기업의 중간 관리자는 방어적이 되면서 중요한 정보를 제공하지 않았다.

이 이야기가 주는 교훈은 "상대방의 감정에 민감하게 반응하라"는 점이다. 인터뷰 대상자가 위협을 느낄 수도 있음을 이해하라. 처음부터 까다로운 질문을 하지 말라. 잠시 중요한 문제를 접어두는 것도 도움이 된다. 시간을 갖고 상대방이 당신과 인터뷰 과정에 편안함을 느끼게 만들라.

6. 너무 많은 것을 요구하지 마라. 인터뷰 과정에서 인터뷰에 응한 사람이 가지고 있는 것을 다 털려고 하지 말아야 할 두 가지 이유가 있다.

첫째, 당신은 소화할 수 없을 정도로 너무 많은 정보를 얻을지도 모른다. 인터뷰 가이드를 만들 때 당신은 가장 중요한 두세 가지 핵심 질문을 적어 보았다. 그리고 나서 응답자에게 해당 산업에 대해 그가 알고 있는 모든 것을 물어 본다면, 당신은 필요한 정보를 찾기 위해 그 많은 정보 사이를 헤매야 할지도 모른다.

둘째, 상대방에게 지나친 부담감을 주어서는 안 된다. 기억하라. 인터뷰를 당하는 것은, 특히 그것이 비즈니스 문제에 관한 인터뷰일 때에는, 많은 사람들에게 불편한 경험이다. 그런데 너무 압박을 해서 이런 불편함을 가중시키면, 인터뷰 대상자가 비협조적이거나 심지어는 적대적이 될 수도 있다. 언제 그 사람을 또다시 만나야 할지도 모르므로 문을 닫게 해서는 안 된다.

7. 형사 콜롬보의 전술을 활용하라. 당신이 1970년대에 TV를 보았다면 피터 포크가 낡은 외투를 입고 열연한 형사 콜롬보를 기억할 것이다. 그 사람은 살인 용의자에게 간밤에 어디 있었는지를 간단히 묻고 나서는 낡은 외투를 집어들고 문을 향해 걸어 나간다. 그러고는 문지방을 넘어 밖으로 나가려 할 때 몸을 돌리면서 이렇게 묻는다. "그런데, 사모님, 내가 빠뜨리고 물어 보지 못한 것이 하나 있습니다." 콜롬보는 거의 언제나 이 질문으로 자신이 알고자 하는 정보를 얻어낼 수 있었다.

당신이 특별히 물어보고 싶은 질문이나 어떤 정보가 있을 때, 콜롬보 전술이 좋은 방법인 경우가 종종 있다. 인터뷰가 끝나면 모두가 다소 느슨해진다. 당신에게 통제력이 있다는 상대방의 느낌도 이미 사라졌을 것이다. 그래서 훨씬 덜 방어적이 될 것이며, 당신이 그 자리에서 필요로 하는 정보를 이야기해 버릴 확률이 높다. 한번 시험해 보라. 효과가 있는 방식이다.

때로는 '슈퍼 콜롬보' 전술을 사용할 필요도 있을 것이다. 문에서 바로 몸을 돌리는 대신에 하루 혹은 이틀 정도를 더 기다려라. 그런 후에 인터뷰 대상자의 사무실을 방문하라. 그냥 지나다가 들렀는데 깜박 잊고 묻지 않은 질문이 있는 것처럼 얘기하라. 이번에도 이렇게 하면 위협을 덜 주게 되고, 그러면 당신이 원하는 정보를 얻을 수 있는 확률이 더 높아진다.

인터뷰 대상자를 발가벗기지 말라

기억하라. 많은 사람들에게 있어 자신들의 업무나 사업상의 문제에 대해 인터뷰를 당하는 것은 불안하게 만드는 일일 수 있다. 당신은 책임감을 갖고 그들의 불안감에 민감해야 한다. 그것은 옳은 일일 뿐 아니라 합당한 방식이다.

맥킨지의 신입컨설턴트와 ED가 인터뷰를 하러 갔다. 인터뷰 대상자는 맥킨지가 조직개편을 돕고 있는 큰 제약회사의 중간 관리자였다. 그 사람은 20년 동안 그 회사에서 근무하고 있었다. 그런데 이제 맥킨지가 자신을 해고하도록 만들 것이라고 겁에 질려 있었다. 맥킨지의 컨설턴트들이 사무실로 들어갔을 때, 그 중간 관리자는 비오듯이 땀을 흘리고 있었다. 잠시 인사말을 나눈 후에, 그 사람이 맥킨지 사람들에게 커피를 마시겠느냐고 물었다. 그가 사무실에 있는 커피 주전자로 가서 커피를 따르려 했지만 커피를 따르지 못했다. 손이 너무도 떨리고 있었다. 그가 주전자를 내려놓고 다시 한번 시도했다. 하지만 이번에도 되지 않았다. 그러다가 커피 주전자를 커피잔 벽에 딱 붙이고서야 가까스로 커피를 따를 수 있었다.

내가 이 이야기를 하는 것은 인터뷰가 얼마나 응답자를 심적으로 불안하게 만들 수 있는지 보여주기 위해서다. 당신은 인터뷰를 하는 입장에서, 즉 사업 문제를 조사하는 사람으로서 힘과 권한을 갖게 된다. 물론 그것이 대표이사 같은 최고 경영진을 좌우할 정도는 아니어도, 많은 사람들을 흔들어 놓을 수 있는 힘이 있다. 이를테면 상사로부터 인터뷰에 응하라고 지시를 받은, 그리고 자기 조직에 문제가 있음을 아는 중간 관리자에게 인터뷰가 어떤 의미를 갖는지 생각해 보라. 당신에게는 인터뷰 대상자의 걱정을 헤아려 보고, 그것을 누그러뜨리고, 그것을 이용하려 들지 말아야 할 직업적인 책임이 있다.

인터뷰 대상자의 걱정을 헤아려 본다는 것은 인터뷰가 끝났을 때 마치 군대에서 이루어지는 심문이 끝난 것처럼 그 사람에게 발가벗겨진 느낌이 들지 않도록 해야 한다는 것이다. 당신이 인터뷰에서 알고자 하는 것은 두세 가지 사항에 불과하다는 점을 상기하라. 그것을 얻기 위해 상대방의 피를 말려서는 안 된다. 아울러 비즈니스 성격상 적절해 보여도 인터뷰 대상자의 관점에서는 아주 개인적으로 해석될 수 있는 문제를 건드릴 때는 우회적인 방식을 택하는 것이 좋다. 예를 들면 당신의 첫 번째 질문이 이런 것이 되어서는 안 된다. "도대체 하시는 일이 정확하게 무엇인가요?"

인터뷰 대상자의 두려움을 누그러뜨린다는 것은 인터뷰뿐만 아니라 조직 문제를 해결하는 전체 과정이 그들에게 어떻게 도움이 되는지를 보여주는 것이다. 당신이 그들이 하는 업무를 더 효율적으로 만들면 그들에게도 도움이 된다. 마찬가지로, 당신이 그들 상관(上官)의 수익성을 개선시킨다면, 그것 역시 그들에게도 이득이 되는 일이다. 대가를 지불하는 데 인색하지 말라. 인터뷰 대상자는 당신에게 정보를 제공한다. 당신에게 그들이 공유할 수 있는 정보가 있다면 그들에게도 제공해 주어라. 대부분의 사람들은 자기 조직에서 일어나는 일에 대해 더 많은 것을 알고 싶어한다.

인터뷰 대상자의 두려움을 이용하려 들지 않는다는 것은 인터뷰를 하는 사람이 가진 권한을 맹목적으로 사용하고 싶은 유혹을 거부하는 것이다. 대개의 경우에 인터뷰 대상자는 기꺼이 협조하려 한다. 그러므로 형사처럼 자신의 권위를 일부러 과시할 필요는 없다. 그렇게 하면 결국에는, 갱 영화에서 볼 수 있는 것처럼, 인터뷰 대상자가 '입을 다물게' 될 것이다. 정말로 어떤 장애물에 부딪치면 그때는 권한을 행사할 필요도 있다. 하지만 그때까지는 자제해야 한다. 주어진 권한에는 그에 따른 책임이 수반됨을 알아야 한다.

까다로운 인터뷰의 경우

인터뷰를 많이 하다 보면 까다로운 경우도 접하게 된다. 그중 일부는 일단 방법만 습득하면 쉽게 다룰 수 있다. 그러나 어떤 경우는 당신의 힘과 용기를 시험해 볼 때도 있다.

뉴욕의 주요 증권회사가 경쟁사들보다 떨어지는 수익성을 염려한 나머지 맥킨지에 자신들의 사업 전반에 대한 검토를 의뢰했다. 이 일에 대한 회사와 중역들의 관심도는 대단히 높았다. 대량 해고의 가능성이 대두되고 있었다. 조직 안에서 영향력을 지닌 많은 사람들이 맥킨지에 대한 찬성파와 반대파로 첨예하게 갈라져서 자신들의 주장을 강력하게 개진했다.

당시 EM으로 막 승진해 있던 헤미시 맥더멋이 그 회사의 중역과 그 사람 휘하의 경영진이 모두 모이는 모임을 일정에 잡아 두었다. 그가 그 사람의 사무실로 들어가서 자신을 소개했다. 그러자 그 사람이 이렇게 얘기했다. "당신이 바로 헤미시 맥더멋이로

군요? 내가 원가 절감 목표를 달성하지 않으려 한다고 이사회에 얘기한 바로 그 ○○가!"

컨설턴트로서 비즈니스 문제 해결을 적극적으로 추진하다 보면 이런 경우를 당하게 마련이다. 인터뷰 대상자의 이와 같은 노골적인 적개심을 어떻게 다룰 것인가? 여기에 헤미시가 다룬 방식이 있다.

그 사람의 얘기는, 특히 그것이 사실이 아니었기 때문에, 나에게 큰 충격이었습니다. 그러나 나는 화를 내지도 않았고 그렇다고 뒤로 물러서지도 않았습니다. 나는 그냥 당신이 뭔가 오해한 것 같다고 말하면서 우리의 모임은 여전히 필요하다고 얘기했습니다.

그 사람이 그런 식으로 나온 건 그가 원래 까다로운 사람이기도 했고, 또한 그렇게 나오면 우리가 뒤로 물러설까 하고 반응을 떠보기 위한 이유도 숨어 있었습니다. 누군가 그렇게 터무니없는 말을 하면 도전을 해야 합니다. 그냥 뒤로 물러나면 안 됩니다.

이런 전략은 우리에게 아주 좋은 결과를 가져왔습니다. 그후 그 사람의 부하 직원들이 우리에게 와서 그런 식으로 모욕을 당한 것에 대해 사과했습니다. 그들은 우리가 아주 적절한 방식과 힘으로 문제를 처리했다고 생각했습니다. 우리는 그 회사에 있는 많은 중요한 사람들과 신뢰를 쌓을 수 있었습니다. 그리고 그런 관계는 나중에 큰 도움이 되었습니다.

이런 전략의 한계는 조직 안에서 당신이 갖는 권한의 한계와 같다. 맥킨지의 컨설턴트들은 대개 고객 기업 최고 경영진의 후원을 받고 있고, 그래서 누구에게도 맞설 수가 있다. 당신이 호응을 받지 못하고 있을 때, 당신이 인터뷰하는 사람이 프로젝트를 의뢰한 사람보다 높은 지위에 있는 사람인지 확인하라. 그럴 경우에는 도전을 받게 되면 물러서야 할 것이다.

이보다는 덜 적대적이지만 여전히 까다로운 상황은 인터뷰 대상자가 정보를 주지 않으려 할 때 나타난다. 이들은 질문에 답을 하지 않거나 관련 자료를 보여주지 않으려 한다. 이럴 때는 '직급의 힘'을 사용해야 한다. 당신이 그곳에서 질문을 하는 것은 당신 조직의 누군가가 (혹은 당신의 고객이) 그 일을 원하기 때문이다. 그들에게 그것을 알려라. 그래도 여전히 거부하면 더 강하게 나가야 한다. 필요하면 바로 그 자리에서 상사에게 전화를 걸어라. 대개는 이렇게 하지 않아도 된다. 그냥 그렇게 할 수 있다는 암시만 해도 정보의 문이 열릴 것이다. 당신은 이제 더 이상 학교 뒤뜰에 있는 학생이 아니다. 누구도 당신을 고자질쟁이라고 얘기하지 않을 것이다.

정신의학자들이 말하는 '수동성과 공격성이 결합된' 유형의 사람과 인터뷰할 때도 어려움을 겪게 마련이다. 나는 이런 유형을 '샌드백' 유형이라 부른다. 샌드백 유형의 사람들은 알맹이 없는 이야기를 줄줄이 늘어놓는다. 전에 EM으로 일했던 어떤 사람의 경험담을 들어보자.

내가 그 여자의 사무실로 들어갔습니다. 우리는 사전에 한 시간의 인터뷰를 계획하였습니다. 그러나 그 여자는 30분만 시간을 낼 수 있다고 말했습니다. 그러고는 다음 30분 동안 '자신이' 생각하는 맥킨지의 활동과 맥킨지가 그곳에 오게 된 이유를 장황하게 얘기했습니다. 마침내 그런 자신의 분석에 대해서 진이 빠지자, 이번에는 자신의 인생 이야기를 시작했습니다. 나는 제대로 된 정보를 하나도 얻지 못했습니다.

이런 사람을 다루기 위해서는 간접적인 방식이 필요하다. 대개는 조직 안에서 필요한 정보를 알려줄 수 있는 다른 사람을 찾는 것이 가장 효과적이다. 하지만 그 사람이 유일한 정보원일 때는 상사에게 그 사람과 조용히 이야기를 나누도록 해서 설득시키도록 해야 한다.

마지막 범주의 까다로운 인터뷰는 다루기 가장 힘든 것이기도 하다. 당신이 하고 있는 일이 자신을 해고시킬 것이라고 생각하는 사람과, 그리고 당신도 그렇게 생각하고 있을 때, 인터뷰를 하는 것만큼 당혹스런 일도 없을 것이다. 아쉽게도 이런 경우에는 '임무를 완수해야 하는 성실한 군인'의 역할을 다하는 것말고는 특별하게 할 수 있는 일이 없다. 당신은 당신이 맡은 일을 해야만 하고 어떻게든 인터뷰를 해서 필요한 정보를 얻어야 한다. 이것은 그 조직의 이익을 위해서 어쩔 수 없는 일이다. 당신은 상황의 어려움에도 불구하고 화를 내거나 짜증을 부릴 수는 없다. 어쨌든 이런 경우에는 효과적인 전략이 없다. 당신은 자신이 해야 할 도리를 다하면서, 계속 일을 추진해야 할 뿐이다. 아무도 인생이 공평한 것이라고 말하지 않았다.

늘 감사의 편지를 쓸 것

누군가를 인터뷰 한 후에 사무실로 돌아가면 늘 감사의 편지를 써라. 이것이 정중하고 직업적인 태도이며, 나중에 뜻하지 않은 보상을 안겨 줄 수도 있다.

어렸을 때 어머니는 선물을 받은 후에는 반드시 감사 편지를 써야 한다고 늘 말씀하셨다. 나에게는 친척들이 아주 많아서 생일 같은 특별한 날이면 삼촌과 이모, 혹은 사촌 형제들에게 내가 받은 것에 대해 감사 편지를 쓰느라 수주일처럼 느껴지는 지루한 시간을 보내곤 했다. 어머니는 늘 내가 감사 편지를 쓰는지(그것을 일일이 읽어보고 글씨체까지 봐 가며) 확인하곤 했다. 당시에는 몰랐지만 그것은 나중에 내가 맥킨지에서 일하는 데 큰 도움이 되었다.

누군가의 시간에서 30분이나 그 이상을 사용해 인터뷰를 하고 정보를 얻은 후에 감사의 편지를 쓰는 것은 당연한 일이다. 우리 어머니의 말처럼 그것은 정중한 일이다. 그것은 또 당신이 인터뷰에 응한 사람의 시간을 자기 것처럼 소중하게 생각하고 있음을 보여준다. 그리고 또한 프로다운 것이다. 회사의 편지지에 잘 선택된 몇 마디를 써 보내는 것은 회사의 이미지를 심는 데도 큰 도움이 된다.

어머니는 상투적인 감사 편지는 쓰지 말라고 얘기하셨다. "존경하는 ___ 선생님, ___ 에 대해 감사드립니다. 항상 그것을 소중히 간직하겠습니다" 따위의 편지는 어렸을 때 용납되지 않았고 지금도 그렇지 않다. 그렇다고 모든 감사 편지가 시를 쓰듯이 멋진 문구로 가득 차야 한다는 말은 아니다. 그냥 그것이 컴퓨터로 만든 똑같은 편지처럼 읽히지만 않으면 된다. 사실 나는 컴퓨터에 기본적인 감사 편지 양식을 저장해 놓고 있지만, 그래도 편지를 써야 할 때가 되면 받는 사람에 따라 내용을 첨가해 보낸다. 그렇다고 시간이 많이 걸리는 것도 아니며, 그럴 만한 가치 또한 충분하다.

때로는 감사 편지가 뜻밖의 소득을 불러오기도 한다. 맥킨지 신입사원들은 누구나 한 신입컨설턴트의 이야기를 잘 알고 있다. 이 사람이 미국의 곡창지대에 있는 어떤 농산물 생산 업체의 판매 담당 중역과 인터뷰를 하게 되었다. 그가 전화를 해서 맥킨지 직원인데 한 시간 정도 인터뷰를 하고 싶다고 말했을 때, 상대방이 그에게 아주 친절하게 환영의 뜻을 표했다. "한번 찾아 주십시오." 그 직원이 오랜 여행 끝에 그 회사에 도착했을 때, 전화를 받았던 중역이 맥킨지의 양식에 적힌 어떤 편지를 보여주었다. 그것은 전에 신입컨설턴트로 일했던 다른 직원이 15년 전에 보냈던 감사 편지였다. 그 편지는 그 사람의 대학 졸업장과 함께 액자에 표구되어 벽 한가운데 진열되어 그의 자긍심의 보고(寶庫)가 되고 있었다.

때로는 작은 상냥함이 오랫동안 힘을 발휘하기도 한다.

9
브레인스토밍

맥킨지의 브레인스토밍에 대하여

프로젝트를 수주하고, 팀을 구성하고, 예비 연구·조사가 끝나면, 진짜 작업이 시작된다. 브레인스토밍은 전략 컨설팅의 핵심 요소이다. 이것이 바로 고객들이 사 가는 내용이 된다. 한번 생각해 보라. 대부분의 크고 현대적인 기업에는 일상적인 문제해결에 아주 뛰어난 똑똑하고 영리한 인재들이 잔뜩 있다. 맥킨지가 제공하는 것은 새로운 시각으로서, 일상적인 업무 처리 방식에 얽매이지 않는 제3자의 관점이다. 조직 안에서 문제가 해결되지 않을 때 고객들이 원하는 것도 바로 이것이다. 그리고 이것은 탁자와 의자, 필기도구, 그리고 깨끗한 '백판(white board)'이 있는 회의실에서 시작된다.

최초의 브레인스토밍이 있기 전에 맥킨지의 컨설턴트들은 많은 과제를 하며 토론을 준비한다. 모든 팀원들이 PDNet과 도서실 연구·조사 결과를 읽는다. 신입컨설턴트들이 자신들의 예비 연구·조사에 기초한 보고서를 정리해서 배포한다. 그리고 ED와 EM, 때로는 고참 컨설턴트들이 초기가설을 들고 나와 팀원들의 심판을 받는다.

브레인스토밍에는 시간이 필요하다. 대개의 경우 맥킨지의 팀은 보통 2시간 정도(이 보다 길 경우는 드물다)를 브레인스토밍에 할애한다. 일부 리더들은 주말에 모임을 갖는 것을 좋아하지만, 어떤 팀원들은 그것을 달갑지 않게 생각한다. 이런 모임은 피자와 중국 요리, 혹은 (내가 제일 좋아하는) 회를 시켜 먹어 가며 종종 밤늦게까지 계속된다. 어떤 팀들은 주말 모임을 통해 한두 병의 맥주를 마시며 브레인스토밍을 하기도 했다(아마도 머리 회전을 돕기 위해서였을 것이다). 맥킨지의 미국 사무실들에는 직원들이 선호하는 음식과 식당 정보가 들어 있는 '메뉴 책자'가 준비되어 있고 자주 애용된다.

성공적인 브레인스토밍을 위한 가장 중요한 요소는 혁신적인 마음 자세이다. 전과 같은 방식으로 자료를 볼 생각이라면 모임을 가질 필요가 없다. 모임에 참석할 때는 기존의 생각과 선입견을 문밖에 내버리고 들어와야 한다. 그래야만 자유롭게 머리 속에 떠오르는 생각들을 개진할 수 있다.

나는 브레인스토밍이 여섯 면이 각각 다른 색깔로 칠해져 있는 루빅스 큐브(Rubik's Cube)와 같은 것이라고 생각한다. 각각의 사실은 그 작은 입방체들의 한 면에 해당한다. 이 면들을 이리 돌리고 저리 돌리면 결국에는 하나의 해답, 혹은 해결책이 나타난다.

내가 좋아하는 또 다른 비유는 한 패의 카드를 뒤섞는 것이다. 각각의 사실이 하나의 카드이다. 처음 카드를 사서 포장을 벗기면 모든 카드가 순서대로 되어 있다. 이 얼마나 재미없는가? 카드를 섞거나, 공중으로 던져서 떨어지는 모습을 보라. 그러면 무언가 흥미로운 패턴을 발견하게 될 것이다. 우리가 사실과 아이디어들을 섞을 때도 같은 일이 일어난다.

이번 장에서는 맥킨지에서 사용하는 브레인스토밍의 여러 측면을 보게 된다. 당신의 브레인스토밍을 더 생산적인 것으로 만들 방법들을 배울 수 있을 것이다.

철저한 사전 준비

'브레인스토밍' 하면 어떤 사람들은 제멋대로인 난상토론을 생각하겠지만, 사실 효과적인 브레인스토밍을 위해서는 철저한 사전 준비가 필요하다.

　브레인스토밍의 확실한 원칙 한 가지는 아무런 사전 준비 없이는 그것을 성공적으로 할 수 없다는 것이다. 모임에 참석하기 전에 관련 문제에 대해 무언가를 알아야만 한다. 그냥 모임에 들어가서 자신의 명석함으로 모두를 놀라게 할 생각은 하지 말라. 맥킨지에서 하는 여느 일처럼 브레인스토밍에도 사전 준비를 위한 방법이 있다. 이것은 당신이 리더이건 그냥 참여자이건 마찬가지이다.

　당신이 2부의 내용을 차례로 실행했다면(그러니까 연구·조사를 마쳤다면) 사전 준비의 절반은 이미 한 것이다. 이제는 팀의 모두가 당신이 아는 것을 알게 하라. 당신의 조사 결과를 맥킨지의 보고 양식으로 만들어라. 이것은 당신이 발견한 핵심 사항과 자료들을 깔끔하게 정리해서 요약한 것인데, 이것을 팀원들에게 나누어주어라. 당신이 리더라면 모든 팀원들이 조사 결과를 보고서로 만들게 하라. 보고서를 만드는 것은 어렵지 않다. 그 일에 자세한 구조가 필요한 것은 아니고, 그냥 무엇이 중요한지, 그리고 그것을 어떻게 보여줄지 약간의 생각만 들어 있으면 된다. 팀원들 모두가 보고서를 다 안 후에는 모두가 같은 지식을 갖고 아이디어를 낼 수 있게 된다.

　이렇게 팀의 보고서를 파악한 다음에는 무엇을 해야 하는가?

맥킨지 사람들은 이 점에 대해서 두 진영으로 갈라진다. 첫 번째 그룹은 이렇게 얘기한다. "문제와 자료의 개요를 숙지하라. 모임이 시작되기 전에 어떤 해결책을 가지고 들어오지 말라." 두 번째 그룹은 이렇게 얘기한다. "늘 무언가 가설을 갖고 들어 오라. 그렇지 않으면 아이디어를 찾느라 우왕좌왕하다 너무 많은 시간을 소비하게 된다."

내 입장은 이 두 가지 주장의 중간에 서는 것이다. 즉, 이것들 모두가 옳은 주장이다. 어떤 가설을 찾아낼 수 있으면 그것도 좋다. 당신이 팀의 리더라면 가설이 있어야만 할 것이다. 다만 모임에 참석하면서 이렇게 얘기하지 말라. "이것이 바로 해답이다." 그보다는 이렇게 얘기하라. "내가 볼 때는 이것이 해답일 수도 있다. 우리 모두 이 가설을 시험해 보자."

미리 혼자서 브레인스토밍을 해 보는 것도 사전 준비의 한 가지 방법이다. 하나의 가설을 찾아내는 대신에, 팀에서 찾아낼 수 있는 일련의' 가능한 가설들, 즉 당신이 맡은 작업의 범위 안에 맞는 일련의 해결책들을 생각해 본다. 그렇게 하면 비현실적인 가설들을 빠르게 버릴 수 있고, 그래서 당신의 팀이 보다 현실적인 가설에 더 많은 시간을 투자할 수 있도록 한다. 이런 방식이 당신의 브레인스토밍을 보다 현실적으로 만들며, 전에 맥킨지의 파트너였던 사람이 지적했던 것처럼, 실제 문제가 되고 있는 것들을 검토할 수 있도록 한다.

어떤 방식을 사용하건 무엇보다도 사실들을 알아야만 한다. 보이 스카우트의 구호를 기억하라. "미리 준비하라."

하얀 방에서

브레인스토밍의 본질은 새로운 아이디어를 창출하는 것이다. 따라서 백지 상태에서 시작하라. 당신의 팀이 회의에 들어올 때 선입견을 버리고 들어오게 하라. 이미 아는 사실들을 갖고 오되 새로운 각도에서 그것들을 보라.

앞서 나는 혼자 시간을 보내며 사실들을 검토하고 일련의 가설들을 세우라고 얘기했다. 이제 나는 브레인스토밍 모임에 참석할 때 어떤 선입견도 버리라고 권유한다. 이런 얘기가 서로 모순되는 것처럼 보이겠지만, 좋은 브레인스토밍은 약간의 상호 모순을 통해 득을 볼 수 있다. 물론 그렇게 해서 생각이 자극을 받을 때 하는 말이다.

다시 강조하면, 브레인스토밍은 '새로운' 아이디어를 만들어 내는 것이다. 그런데 모든 팀원들이 모두 같은 말을 하고 서로 의견을 같이 한다면, 결과는 무익하고 시간 낭비일 것이다. 나아가 팀의 리더가 자신의 의견을 가지고 들어와 모두에게 자기 의견을 강요한다면, 그 팀은 더 창의적이고 더 좋을 수 있는 해결책을 만들지 못하게 될 것이다.

브레인스토밍을 위해서는 방에 있는 모든 사람들의 참여가 필수적이다. 직급에 관계없이 모두가 나름대로 의견을 낼 수 있어야 한다. 그리고 직급이 높다 해서 반드시 더 좋은 의견이 나오는 것은 아니다. 브레인스토밍에서는 어떤 사람도 아무 거리낌없이 자기 의견을 얘기할 수 있어야 한다. 따라서 선입견과 함께 직급과 그에 따른 격식도 없어야 한다.

브레인스토밍을 어떤 식으로 하지 '말아야' 하는지 예를 들어 보겠다. 크리스틴 애슬리슨이 신입사원이었을 때, 그녀의 SEM이 팀원들을 불러 브레인스토밍을 시작했다. 그런데 사람들이 모였을 때, 그 SEM이 이렇게 얘기했다. "아무 말도 하지 말고 내가 칠판 위에서 어떻게 문제를 풀어 나가는지 보기만 하라." 그래서 사람들이 한 시간 동안 그곳에 앉아 그 SEM이 하는 것을 보기만 했다. 이런 것은 강의라고는 할 수 있을지 몰라도 브레인스토밍 이라고 할 수는 없다.

다음은 성공적인 브레인스토밍을 위한 몇 가지 기본 법칙이다.

나쁜 아이디어는 없다. 브레인스토밍 시간에는 어떤 사람도 '나쁜 아이디어'라는 비난을 받지 않으려고 말을 하는 데 주저하도록 해서는 안 된다. 어떤 사람이 진지하게 아이디어를 제시했는데, 당신의 생각이 그것과 다르면 그 이유를 얘기하라. 아이디어에 대한 논쟁은 브레인스토밍 과정의 일부이다. 누가 알겠는가? 잠시 토론을 하다 보면 그렇게 나쁜 아이디어가 아닌 것으로 드러날 수도 있다. 적어도 기회는 주어야 한다. 물론 해당 문제와 관련이 없는 아이디어는 배제되어야 한다. 예를 들어 "이 문제는 잠시 접어두고 카드놀이나 하자"는 말은 아이디어가 아니다(그렇게 해서 기분 전환을 하려는 때가 아니라면 말이다).

멍청한 질문이란 없다. 나쁜 아이디어가 없는 것처럼, 멍청한 질문도 없다. 어떤 질문이든지 그 나름대로 의미가 있음을 인정해야 한다. 어떤 것이 왜 그런지, 왜 그런 식으로 되는 것인지 묻는 데 주저하지 말라. 우리는 종종 이런 대답을 한다. "글쎄, 우리는 늘 그것을 그런 식으로 했으니까." 이런 대답은 결코 좋은 대답이 아니다.

겉보기에 분명하거나 단순한 질문을 통해서 때로는 좋은 결과가 나올 수 있다. 예를 들어, 내가 어떤 투자 회사를 위한 프로젝트를 진행하고 있을 때, 우리의 첫 번째 브레인스토밍 모임에서 풋내기 신입사원이 이런 질문을 했다. "이 지구상엔 얼마나 많은 돈이 있을까요?" 우리는 그냥 "많다"고 얘기하는 대신에 다음 45분 동안 국제 자금 관리의 이모저모를 생각하면서 상당히 좋은 통찰을 얻을 수 있었다.

자기 자식도 죽일 준비를 하라! 이런 충격적인 생각은 할리우드의 극작가들 사이에서 시작된 것이다. 이 말의 뜻은 자신의 아이디어가 아무리 좋아도 모임 말미에 팀이 도출하는 해답의 일부가 아니라면 버리라는 것이다. 자신의 가설이 브레인스토밍 과정에서 논의되는 하나의 자료에 불과한 것이라고 생각하라. 그것을 팀원들에게 제시하고 그들이 시험해 보게 하라. 그것은 '옳은 것'일 수도 있고 '틀린 것'일 수도 있지만, 중요한 점은 그것이 팀원들의 문제해결 과정을 도와야 한다는 것이다. 자기 가설에 너무 집착하지 말라. 브레인스토밍 모임에 와서 자신의 입장을 고수하고 도랑을 파면서 방어할 생각을 하지 말라.

시간 개념을 가져라. 브레인스토밍에는 시간이 걸리지만, 너무 오래 끌면 생산성이 빠른 속도로 떨어진다. 맥킨지에서 일했던 사람들의 한결같은 견해는 브레인스토밍이 두 시간 정도 지속되면 분위기가 흐트러지기 시작한다는 것이다. 내가 볼 때는 특히 저녁 모임에서 이렇게 되는 것 같다. 팀원들이 완전히 올빼미들로 구성되어 있지 않는 한 밤이 깊어짐에 따라 피곤하고 지루해서 집중력이 떨어지게 된다. 물론 예외는 늘 있는 법이다. 때로 당신이 잘 나가는 경우엔 자정이 훨씬 넘어서도록 열심히 일을 하게

된다. 그러나 일반적으로는 팀이 하강 곡선을 긋기 전에 끝내는 것이 좋다. 다음 날도 있고 주말도 있다.

하루 종일 토론을 해야 할 경우에는 팀원들의 에너지가 유지될 수 있도록 배려해야 한다. 토론 내용이 옆길로 새더라도 상관하지 말라. 팀원들이 농담을 하거나 긴장을 풀도록 허락하라. 그러나 잠시 후에는 다시 고삐를 잡아 초점을 유지하라. 식사시간이 아니더라도 이따금씩 휴식 시간을 가져라. 잠시 산책을 하는 것이 도움이 된다면 그렇게 하라. 산책을 통한 기분 전환은 생각을 더 집중시키고 몸도 풀어 줄 수 있다.

종이 위에 적어라. 정기적인 모임에서는 누군가 세부사항을 정리하는 사람이 있지만, 브레인스토밍에서는 그렇게까지 꼼꼼히 정리할 시간 여유가 없다. 사실 아이디어들은 반짝 나타났다가 반딧불처럼 소멸해 버린다. 그렇기는 해도 모임을 끝내면서 그 결과에 대한 아무 기록도 남기지 않을 수는 없다. 반짝이는 아이디어가 나오고 있을 때 잊어버리지 않으리라고 생각하지 말라. 아드레날린이 바닥나고 피로가 몰려오면 그렇게 되어 버린다.

맥킨지에서는 아주 멋진 방식으로 브레인스토밍의 결과를 기록으로 남긴다. 거의 모든 회의실에 지우개나 종이 수건으로 지울 수 있는 백판과 기록대가 있다. 어떤 회의실에는 그 위에 쓴 것을 자동으로 복사해 남겨 놓을 수 있는 특별한 백판들도 있다. 새벽 2시에 당신이 그려 낸 멋진 차트나 아이디어를 남겨 놓는 데 이것은 훌륭한 방법이다. 여러분도 나름대로 기록을 남기는 방법을 생각할 필요가 있다.

브레인스토밍을 위한 연습

성공적인 브레인스토밍의 핵심은 철저한 준비와 올바른 마음 자세이다. 다음은 맥킨지 사람들이 브레인스토밍에서 최대의 효과를 거두기 위해 사용하는 몇 가지 요령이다.

크리스틴 애슬리슨이 맥킨지에서 근무할 때 브레인스토밍에 관한 실험적인 교육 프로그램에 참여했는데, 그때 그녀는 다음과 같은 것들을 배웠다. 이것들은 당신의 브레인스토밍의 효과를 높일 수 있다.

***Post-it*™ 활용.** 모임에 참석한 사람들에게 붙일 수 있는 메모지를 나눠준다. 그러면 참석자들이 자신들의 아이디어를 한 장에 하나씩 적어서 리더에게 건네주고, 리더가 그것들을 큰 소리로 읽는다. 이것은 많은 아이디어를 적절하고도 빠르게 처리하는 아주 좋은 방법이다.

차트 활용. 회의실에 많은 차트를 갖다 놓는다. 각각의 차트에는 별도의 주제나 사안이 적혀 있다. 그런 후에 팀원들이 회의실을 돌아다니며 관련 차트에 자신들의 아이디어를 적는다. 원한다면 각각의 팀원에게 서로 다른 색깔을 부여할 수도 있다. 그러면 어떤 것이 누구의 아이디어인지 쉽게 알 수 있을 것이다.

골칫거리는 미리 제거한다. 크리스틴은 긴장된 분위기에서 이루어지는 큰 규모의 브레인스토밍 모임을 효과적으로 다루는 법을 알게 되었다.

우리는 고객 회사의 관련자들을 모두 큰 방으로 불러들인 뒤 변화 관리를 위한 대안들을 토의했다. 우리가 제시했던 프로그램에 대해 불만이 있으면 무엇이든지 얘기하라고 말했다. 그런 식으로 불만을 풀게 한 후에, 그들에게 좋았던 점도 아울러 말해 달라고 부탁하고 그 프로그램을 그들의 사업부에서 실행할 수 있는 방안에 대해서도 말해 달라고 했다. 이런 방법은 두 가지 면에서 효과가 있었다. 먼저, 그렇게 하지 않았으면 나오지 않았을 좋은 아이디어들이 나타났다. 그리고 이전에 맥킨지에 대해 회의적이었던 고객 팀의 경영진으로 하여금 맥킨지의 해결책을 받아들이게 하는 데 도움을 주었다.

이 밖에도 브레인스토밍 모임에서 불평만 끊임없이 늘어놓는 사람을 다루는 요령이 하나 더 있다. 때로는 모임의 리더가 그 사람 뒤에 서서 어깨를 토닥거려 주는 것이다. 이렇게 하면 문제만 제기하는 사람에게 그가 주목받고 있다는 사실을 인식시킬 수 있다. 이 사람이 뭔가를 중얼거리면, 리더가 더 크게 분명히 이야기하라고 말할 수도 있다. 이를테면 쪽지를 전달하는 학생에게 선생이 이렇게 말하는 것과 같다. "그것을 다른 아이들과 나누어 보는 것이 어떻겠니?"

여러분의 브레인스토밍을 보다 활발하게 만들기 위해 이런 기술들을 사용해서 브레인스토밍 모임을 이끌어 보라. 그러면 아주 좋은 결과가 나타날 것이다.

3부

맥킨지의
커뮤니케이션 방식

당신은 지금까지 1부와 2부를 읽었다. 당신은 이제 비즈니스 문제를 어떻게 보는지, 그리고 실제적인 해결책을 만들기 위해 어떻게 효과적으로 일을 하는지 알게 되었다. 이제는 앞으로 나아가서 세상을 정복할 때이다. 그런가? 꼭 그렇지는 않다. 아무리 잘 만들어진 해결책이라도 고객이 그것을 납득하고 수용하지 않으면 아무 소용이 없다.

고객이 당신의 해결책을 받아들이게 하려면 그것을 팔아야만 한다. 이것이 우리가 3부에서 다루게 될 사항이다. 당신은 당신의 아이디어를 전달하는 프리젠테이션을 어떻게 마련하는지 배우게 된다. 당신은 모든 팀원들 사이에 계속해서 정보가 흐를 수 있도록 내부적인 의사소통을 어떻게 처리하는지 배우게 된다. 당신은 고객 기업과 그곳에서 일하는 사람들(좋은 사람들과 나쁜 사람들)을 어떻게 관리하고 그들과 어떻게 일을 하는지 배우게 된다. 그리고 여러분은 여러분의 빛나는 해결책을 어떻게 현실화시키는지, 그러니까 어떻게 변화를 만들어내는지 배우게 된다.

10
프리젠테이션을 준비하는 법

맥킨지의 프리젠테이션에 대하여

맥킨지는 프리젠테이션을 통해서 고객들과 의사소통을 한다. 이런 프리젠테이션은 공식적인 것일 수도 있고(잘 마련된 보고서를 놓고 이사회 테이블에 앉아 정식으로 모임을 갖는 일), 고객 기업의 몇몇 관리자와 두어 명의 맥킨지 컨설턴트들이 간단한 차트를 갖고 하는 비공식적인 것일 수도 있다. 신입컨설턴트들은 경력을 쌓으면서 승진해 가는 동안 자신들의 아이디어를 다른 사람들에게 제시하는 데 많은 시간을 보낸다.

맥킨지는 이런 방식으로 의사소통 하는 데 아주 능숙하다. 당신은 맥킨지의 여러 기법을 사용해 당신의 프리젠테이션을 향상할 수 있다. 이런 기술이 당신의 메시지를 알리는 데 도움을 줄 것이다.

구조화하라

당신의 프리젠테이션이 성공하려면 분명하고 알기 쉬운 방식으로 상대방에게 논리를 전개해야 한다.

우리는 1부에서 맥킨지의 문제해결 과정에서 구조화가 갖는 중요성을 자세하게 얘기했다(1장 MECE 부분을 참조). 외부인들에게 맥킨지의 구조적인 사고방식을 보게 하려면 이 회사의 프리젠테이션을 보게 할 필요가 있다. 바로 여기에서 구조화의 요체가 나타난다.

하나의 프리젠테이션은 그것을 만든 사람이나 팀의 사고를 반영한다. 당신의 프리젠테이션이 엉성하고 혼란스러우면, 상대방은 당신의 사고 역시 엉성하고 혼란스럽다고 생각한다(그것이 사실이 아니어도 그러하다). 그러므로 어떤 분석틀을 사용해 사고를 했건 그것을 당신의 프리젠테이션에 적용하라. 당신이 맥킨지의 구조적인 사고 방식을 사용한다면 그것을 당신의 프리젠테이션에 적용하라. 당신이 무언가 다른 분석틀을 좋아한다면, 그것을 당신의 프리젠테이션에 반영하라(물론 그것은 구조적이고 논리적인 것이어야 한다).

당신이 사고하는 방식과 맞지 않는다면 굳이 맥킨지 구조를 사용할 필요는 없다. 경영대학원 친구 한 명이 사업을 시작하게 되었다. 창업을 시작한 많은 기업인들처럼 그 친구는 뛰어난 통찰력과 직관력을 가졌으나, 그의 사고 방식은 별로 체계적이지 못했다. 그 친구는 다음과 같은 구조적인 사고 방식을 알고 나서 많은 성공적 프리젠테이션을 할 수 있었다. 즉, "먼저 무엇을 얘기할 것인지 말하고, 그것을 이야기하고, 그 다음엔 지금까지 한 말을 요약해 주어라." 그 친구는 이 방식을 적용해서 좋은 성과를 거두었다.

  당신이 단계적으로 나아가는 방식을 좋아한다면 상대방이 당신의 보조에 맞추어 따라오기를 바랄 것이다. 그러나 대개는 참을성이 없어 그것을 따라가지 못하는 사람들이 있게 마련이다. 맥킨지의 어떤 EM은 고객 기업의 중역과 다음과 같은 문제를 갖게 되었다. 즉, 그 사람은 제안서를 받을 때마다 처음부터 끝까지 서류를 대강대강 넘기기만 할 뿐 자세하게 보지 않으려 했다. 하지만 EM은 하나의 해결책을 발견했다. 팀이 최종 프리젠테이션을 할 때, EM은 그 중역에게 모든 페이지를 수록한 보고서를 책 모양으로 제본하여 건네주었다. 그래서 이제는 그 중역이 더 이상 대충 넘기면서 볼 수가 없었다.

노력에는 한계수확 체감의 원칙이 있음을 기억하라

마지막 순간까지 보고서를 세심하게 다듬고 싶은 유혹을 뿌리쳐라. 그렇게 막판까지 몸부림치는 것이 어느 정도 선에서 마무리를 짓고 내일을 위해 편안히 자는 것보다 더 중요한지 저울질해 보라. 너무 잘 하려다가 일을 그르치지 마라.

  맥킨지 사람들은 일련의 공통적인 경험을 공유하고 있다. 이를테면 교육 프로그램, 인터뷰, 혹은 '밤샘 근무' 등이다. 맥킨지의 거의 모든 신입컨설턴트들이 공유하는 가장 흔하고 가장 불필요한 경험 가운데 하나는 새벽 4시에 복사실에서 다음날의(사실은 그날 있을) 최종 보고서를 끼워 맞추려고 일을 하는 것이다. 나는 전에 두꺼운 보고서에서 차트 하나를 빼고 대신에 새 차트를 넣느라고 이른 아침에 두 시간을 보낸 즐거운(?) 기억이 있는데, 그 모든 것이 오자 하나 때문이었다. 또 다른 신입컨설턴트와 그 사람의 EM은 면도칼과 접착제로 차트에 새 숫자들을 붙이느라 밤을 샌 적이 있었다(이때만 해도 맥킨지에서는 컴퓨터 그래픽을 많이 사용하지 않았다).

많은 조직과 기업가들은 완벽한 것이 아니면 용납하지 않으려 한다. 그리고 많은 경우에 이것은 수긍할 만한 일이다. 어떤 사람도 엔진의 볼트가 '거의' 제대로 끼워진 비행기를 타려 하지는 않을 것이다. 당신이 가장 큰 기업의 가장 까다로운 사장을 위해 프리젠테이션을 준비한다 하더라도, 어느 시점이 되면(그 시점이란 대체로 프리젠테이션이 있기 훨씬 전이지만), 사소한 것을 고쳐도 별 도움이 되지 않을 때가 있다. 이런 시점을 제대로 파악하고 수정 작업을 최종 발표회가 있기 훨씬 전에 마감하는 것이 필요하다.

이런 식으로 생각해 보라. 어느 것이 더 중요한가? 최종 프리젠테이션을 하기 전에 당신의 팀이 잠을 잘 자는 것인가? 아니면 하나의 오자를 고치는 것인가? 어떤 서류든지 아무리 열심히 만들고 아무리 철저하게 검토해도 오자는 늘 있게 마련이다. 물론 때로는 이런 오자를 고칠 필요가 있지만, 이런 경우는 매우 드물다. 그보다는 충분히 휴식을 취한 상태에서 최종 프레젠테이션을 하는 것이 녹초가 된 상태보다 훨씬 낫다. 최종 프리젠테이션은 그 자체로서도 피곤한 일이기 때문이다.

마감 시점을 아는 데는 숙련과 경험이 필요하다. 당신이 최종 프리젠테이션을 마감하게 할 수 있는 정도의 지위라면, 당신은 자신과 약속을 하고 그렇게 마음먹은 것을 지키기 위한 습관을 가져야 한다. 당신의 팀에게 해당 서류들을 인쇄, 복사, 제본, 또는 슬라이드에 옮기되 적어도 최종 프리젠테이션이 있기 24시간 전에 끝내라고 말하라. 그래야만 약간의 시간을 갖고 최종 프리젠테이션을 연습하면서 가능한 문제들을 검토할 수 있다. 혹은 경우에 따라서는 팀원들과 잠시 휴식을 취하는 것도 생각할 수 있다.

반면에 최종 프리젠테이션을 마감하는 결정권이 당신보다 더 높은 지위에 있는 사람이라면(예를 들어 당신의 ED), 가능한 한 상사를 잘 관리해야 한다. 최종 프리젠테이션 24시간 전에 마감을 하려면 그때까지 상사의 확인이 필요하다고 분명하게 얘기하라. 어떤 상사들은 마지막 순간까지 일을 질질 끌고 싶은 유혹을 이기지 못한다. 당신은 이런 나쁜 습관에 대해 저항해야 한다.

사전조율이 필요하다

좋은 프리젠테이션을 위해서는, 들어보지 못했던 내용을 보고하는 자리에서 처음으로 듣도록 해서는 안 된다. 고객 기업의 담당자들을 회의실로 불러모으기 전에 그들과 충분히 사전조율을 해야 한다.

이제 최종 프리젠테이션 시점이 되었다고 생각해 보자. 당신은 비밀 누설을 막기 위해 당신의 모든 제안 사항들을 대외비로 처리했다. 당신과 팀이 회사의 최고 경영진과 모임을 갖게 된다. 그들은 마침내 당신들의 권고사항을 듣기 위해 잔뜩 기대하고 있다. 당신의 상사도 참석한다. 상사의 상사도 참석한다. 회사의 모든 사업부장들이 참석한다. 대표이사가 테이블의 중앙에 앉아 당신의 모든 말에 귀를 기울인다.

"안녕하십니까?" 당신이 이야기하기 시작한다. "몇 주 동안의 철저한 작업 끝에 우리 팀은 다음과 같은 결론에 도달했습니다. 즉, 우리 회사가 발전하려면 다음 2년 동안 소품 생산에 대한 투자를 75퍼센트 가량 늘려야만 합니다." 당신이 그런 주장을 뒷받침할 차트를 준비하는 동안 사람들이 웅성거리기 시작한다. 중품 사업부의 이사가 발끈하고 있다. 그가 볼 때는 회사가 발전하려면 그가 담당하고 있는 중품 생산을 늘려야 한다. 재무 담당 이사는 필요한 자금을 구할 수 없다고 주장한다. 소품 사업부 이사가 즉시 당신의 주장을 옹호한다. 당신이 회사의 떠오르는 태양으로 자리 잡으려는 순간, 회의장은 목소리 큰 사람이 이기는 싸움판으로 변한다. 이런 깜짝 쇼를 좋아하는 이는 별로 없다.

이런 최악의 사태를 피하기 위해 맥킨지 컨설턴트들은 '사전조율'을 한다. 맥킨지의 팀은 최종 프리젠테이션 같은 것을 하기 전에 고객 기업의 모든 관계자들에게 자신들이 발견한 것을 개인적으로 알려준다. 이렇게 하면 마침내 회의가 열렸을 때 예상 밖의 깜짝 쇼를 최소화할 수 있다. 전에 EM으로 일했던 어떤 사람은 이렇게 회고한다. "우리는 거의 언제나 발표를 하기 전에 모든 당사자들과 협의를 했습니다. 그렇지 않으면 그 자체로 위험 부담이 너무 큽니다. 그래서 최종 제안은 사실상 의례적인 무대 공연 행위가 되곤 했습니다."

사전조율을 할 때는 성공적인 컨설팅의 기본 규칙을 기억해야 한다. 즉, 당신은 '옳은' 해답을 내야 함은 물론 그것을 설득할 수 있어야 한다. 때로는 이것이 단순한 설득 기법을 요구할 때도 있다. 그리고 때로는 타협을 요구할 수도 있다. 가령 당신이 중품 사업부의 이사인 밥의 사무실에 들어가서 당신이 생각하는 해결책이 중품 사업이 아닌 소품 사업의 확장에 있다고 얘기한다. 그 사람은 당연히 기분이 좋지 않겠지만, 당신이 그 사람과 둘이서만 사무실에 있으면 당신의 해결책을 더 차분하게 설명할 수 있을 것이다.

이런 식으로 설명이 끝나면 밥을 설득할 수도 있고(그러면 다음 사람을 찾아간다), 혹은 당신이 몰랐던 새로운 사실을 알게 될 수도 있다(이런 일은 실제로 일어난다). 혹은 그 사람은 끝까지 당신의 제안을 받아들이지 않을 수도 있다. 이 경우에는 협상을 해야 한다. 타협이 작은 것이면 그렇게 하고 넘어간다. 그러나 너무 큰 것을 요구하면 무시할 수 있는 방법을 찾는다. 물론 그 사람이 당신을 사무실에서 쫓아내면(이런 일이 일어날 수도 있다) 당신에게는 문제가 생기며, 그 문제의 심각성은 그 중역이 조직에서 갖는 힘에 비례한다.

다시 처음에 얘기한 그 최악의 상황으로 돌아가 보자. 하지만 이번에는 당신이 모든 관계자들과 사전조율을 거쳤고, 불만에 찬 중품 사업부의 이사와도 미리 얘기를 했다고 상상하라. 당신이 얘기를 시작한다. "몇 주 동안의 철저한 작업 끝에 우리 팀은 다음과 같은 결론에 도달했습니다. 즉, 우리 회사가 발전하려면 다음 2년 동안 소품 생산에 대한 투자를 75퍼센트 가량 늘려야만 합니다." 당신이 그런 주장을 뒷받침할 차트를 준비하는 동안 중품 사업부의 이사가 말을 한다. "전에도 이런 얘기를 들은 적이 있는데, 이것은 도저히 말도 안 되는 ○○ 같은 소리입니다. 우리는 중품 생산을 늘려야만 합니다." 재무 담당 이사가 눈썹을 꿈틀거리지만 얘기는 하지 않는다. 자금을 어떻게 모을 수 있는지 당신과 이미 상의했기 때문이다. 소품 사업부의 이사는 자신들이 결국에는 이길 것이란 사실을 사전조율을 통해 알고 있기 때문에 느긋한 표정으로 대표이사를 보기만 한다. 이윽고 대표이사가 등받이에 몸을 기대고, 손가락을 두드리며 중품 사업부의 이사에게 얘기한다. "자 보게나, 밥. 내가 보기에는 모두가 같은 얘기를 하고 있는 것 같소. 결국에는 회사가 발전하기 위한 길을 찾는 것 아니오. 그러니 끝까지 제안을 들어보고 나중에 더 얘기하도록 합시다." 당신은 이미 결과가 어떻게 될 것인지 알고 있다. 이렇게 하는 것이 난장판으로 치닫는 싸움보다 훨씬 더 낫지 않을까?

11

차트를 이용한 자료 제시

맥킨지의 차트에 대하여

맥킨지는 그림으로 정보를 제시하는 차트를 고객과의 의사소통에서 기본적인 도구로 삼고 있다. 맥킨지는 그 동안 많은 시간과 노력을 통해서 차트의 이모저모를 알게 되었다. 여러분은 이런 지혜를 맥킨지의 차트 도사인 진 질래즈니(Gene Zelazny)의 《차트로 얘기하라(*Say It With Charts*)》에서 볼 수 있다.

이번 장에서는 맥킨지의 차트 사용 기술과 그것이 효과적인 이유를 설명한다. 나는 특히 맥킨지 밖에서는 본 적이 없는 한 가지 차트를 소개한다.

단순하게 하라 — 하나의 차트에 하나의 메시지

차트가 복잡할수록 정보 제공의 효율성은 떨어진다. 차트는 메시지를 전달하는 도구이지 예술작품이 아니다.

맥킨지에 입사했을 때 내가 처음 받은 사무용품은 연필, 지우개, 그리고 여러 가지 모양이 있는(원, 사각형, 삼각형, 화살표 등) 일련의 제도용 자 같은 것들이었다. "그것들을 잃어버리지 말게." 총무부에서 그렇게 얘기했다. "그것들은 아주 비싼 것이고 차트를 그릴 때 꼭 필요한 것이라네." 그때가 1989년이었으니까 '석기 시대'는 결코 아니었다. 그전까지만 해도 나는 경영대학원과 다른 직장에서 컴퓨터 그래픽을 사용해 도표와 그림을 그리곤 했다. 그래서 그것들이 다소 원시적으로 비춰졌다. 그것은 기술발전에도 불구하고 변화를 거부하는 맥킨지의 기업 문화를 나타내는 것 같았다.

그런 나의 생각은 부분적으로 맞는 것이었다. 실제로 맥킨지의 문화는 너무 강해서 변화 속도가 늦긴 했지만, 나의 생각은 부분적으로 틀리는 것이기도 했다. 내가 받은 사무용품들은 아주 중요한 목적, 즉 차트를 간단하게 만드는 데 소중한 역할을 했다. 컴퓨터 그래픽은 곧잘 너무 환상적인 것이 된다. 맥킨지는 차트를 사용해서 이해하기 쉬운 방식으로 정보를 전달한다. 단순한 것일수록 이해하기에 더 쉽다. 그래서 맥킨지는 검정색과 흰색으로 차트를 그린다. 이들은 꼭 필요한 경우가 아니면 3차원적인 그래픽을 사용하지 않는다. 그리고 차트 하나에 메시지 하나라는 기본 원칙을 고수한다. 이 두가지 규칙은 시각적으로 곧 드러난다. 매개물이 메시지를 압도해서는 안 되기에, 복잡한 색깔이나 오해를 불러일으키는 3차원적 관점들은 배제된다. 한 차트에 하나의 메시지라는 원칙은 정보가 관중들에게 해석되는 방식에 영향을 준다.

차트에 들어가는 정보는 아주 복잡하고 다양한 것일 수도 있다. 따라서 작성자가 할 일은 꼭 필요한 정보를 선택해서 강조하는 것이다. 맥킨지의 컨설턴트들은 이를 위해 '표제'를 붙이는 데 아주 세심하다. 좋은 표제란 하나의 단순한 문장에 차트의 핵심을 담는 것이다(〈그림 11-1〉참조). 차트 속의 두드러지는 요소는 특별하게 강조할 수도 있는데, 이를테면 명암의 차이, 요소를 구분 지워 따로 떼어놓기, 혹은 (여기서 볼 수 있는 것처럼) 화살표를 사용하는 것이다. 한 차트에 여러 가지 정보가 있을 때는 새로운 표제를 붙이고 관련 정보를 강조한 뒤 복사해 두어라〈그림 11-2 참조〉.

표제 : 애크미 소품은 전년도에 영업 손실을 기록했음

애크미 소품의 1998년 손익 현황(단위 : 백만 달러)

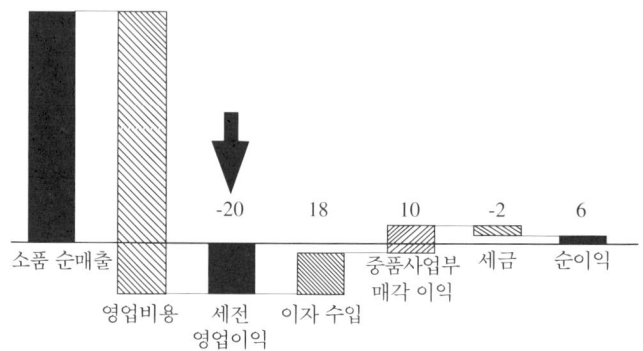

자료 : 애크미 소품 연차 보고서

〈그림 11-1〉 좋은 표제는 차트의 특징적인 사항을 강조한다.

표제 : 중품 사업부의 매각이 없었다면 전년도에 회계 결산 적자를 기록했을 것임

애크미 소품의 1998년 손익 현황(단위 : 백만 달러)

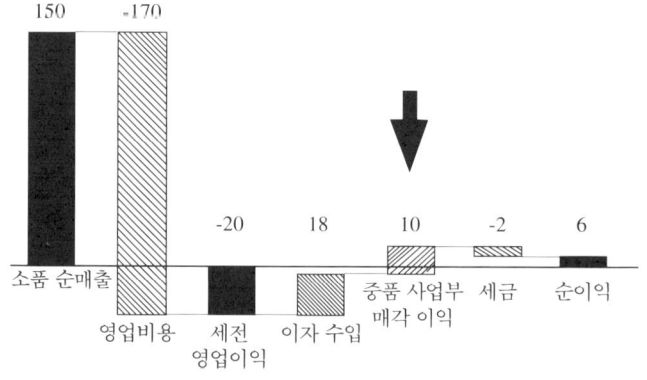

자료: 애크미 소품 연차 보고서

〈그림 11-2〉 새로운 표제는 같은 정보에 대해 또 다른 메시지를 전달한다.

그리고 각 차트의 왼쪽 하단 부분을 보라. 그러면 자료 출처가 나와 있다. 맥킨지의 차트에는 늘 이것이 있다. 왜 그런가? 그래야 사람들이 "이 정보를 어디에서 얻었소?"라고 물을 때 당신이 대답할 수 있기 때문이다. 그리고 나중에 당신이 (혹은 다른 누군가가) 그 자료를 재검토할 때 참고할 수 있기 때문이다.

마지막으로 한 마디만 더 하자. 차트가 너무 많으면 상대방이 지루해 할 수 있다. 당신의 논점을 제시하기 위해 꼭 필요한 만큼만 사용하라. 그렇지 않으면 뒷부분에 있는 정보들은 제대로 전달되지 못할 수도 있다.

이제는 세월도 변했고 기술도 크게 발전했다. 그래서 이제는 맥킨지에서도 컴퓨터 그래픽을 사용하고 있다. 그러나 맥킨지는 아직도 그 위대한 간결성의 원칙을 고수하고 있다.

Waterfall 차트를 사용해서 흐름을 보여준다

Waterfall 차트는 맥킨지 밖에서는 거의 볼 수 없고 컴퓨터 그래픽 프로그램에도 대개 없는 것인데, 정보의 양적인 흐름을 보여주는 아주 좋은 도구이다.

앞서 소개한 2개의 차트를 보면서 여러분은 그것들이 어떤 종류의 차트인지 궁금하게 생각했을 것이다. 이것들은 일종의 막대 그래프 같지만 다른 곳에서는 쉽게 볼 수 없는 것이다. 이 차트들은 다소 이상하게 보일지 몰라도 이해하기에 별 어려움은 없을 것이다. 이것들은 'Waterfall 차트'라고 불리며, 맥킨지 사람들은 이런 차트를 애용한다.

내가 전직 맥킨지 사람들에게 차트에 대해서 물어 보면, 모두가 한결같이 Waterfall 차트를 언급했다. 이들은 그것을 좋아했고 때로 자신들의 작업에서 사용했지만, 다른 곳에서는 거의 본 적이 없었다. 이 세상을 더 살기 좋은 곳으로 만들려는 나름의 충정에서 Waterfall 차트의 비밀을 알려주고자 한다.

Waterfall 차트는 우리가 숫자 A에서 숫자 B로 어떻게 가는지를 보여주는 아주 훌륭한 도구이다. 앞서 소개한 〈그림 11-1〉과 〈그림 11-2〉는 손익 현황을 단순화한 것으로, 왼쪽의 매출부터 시작해 오른쪽의 순이익으로 끝나며, 하나에서 다른 하나로 이어지는 여러 항목들을 보여준다. 출발점(이 경우에는 매출)은 늘 영에서 시작하는 막대기이다. 양의 항목(이를테면 이자 수입)은 이전 막대기의 최고점에서 시작해 위로 올라가는 막대기로 표시된다. 음의 항목(이를테면 영업비용)은 이전 막대기의 최고점에서 시작해 밑으로 내려가는 막대기로 표시된다. 그 합계는 마지막 항목의 꼭대기부터 기준선까지의 거리이다(음의 항목일 경우에는 밑바닥부터 기준선까지의 거리이다). 중간 합계는 그 해당 항목에서 기준선까지의 거리로 알 수 있다.

Waterfall 차트는 (대차대조표와 손익계산서 같은) 정적인 자료나 (시계열 자료와 현금 흐름 같은) 동적인 자료를 표현할 수 있다. 우리는 음의 항목과 양의 항목을 섞을 수도 있고(가령 6으로 시작해 3을 얻고 2를 빼도 도합 7이 될 수 있다), 그것들을 한데 합쳐서 가치가 부가되는 곳과 감소되는 곳을 보일 수도 있다(가령 제품 A, B, C에서는 흑자를 보고 X, Y, Z에서는 적자를 볼 수 있다).

어떤 자료를 사용하건, Waterfall 차트는 많은 정보를 간결하고 분명하게 처리하는 목적으로 쓰일 수 있는 방식이다. 그러므로 흐름을 보이는 자료에 사용해 보라.

12

조직 내 커뮤니케이션을 다루는 법

맥킨지의 내부 커뮤니케이션에 대하여

팀 작업의 성패는 내부 커뮤니케이션에 달려 있는데 그것은 위로부터의 것과 아래로부터의 것 모두를 포함한다. 맥킨지에는 현대적인 조직들이 사용하는 그 모든 내부 커뮤니케이션 방법들이 있다. 즉, 음성 우편, E-메일, 메모, 모임, 혹은 휴게실 등이다. 내부 커뮤니케이션에 대해서는 맥킨지의 사례로부터 특별하게 새로운 것을 발견할 수 없을지도 모른다. 그러나 전직 맥킨지 직원들은 오랜 경험을 통해 내부 커뮤니케이션을 관리하는 좋은 방법들을 발견했다. 여러분도 사용해 보기 바란다.

정보가 계속 흐르게 하라

정보가 당신의 팀에 갖는 의미는 자동차의 엔진에 있어서 가솔린의 의미와 같다. 그 흐름을 막으면 조직이 움직일 수 없다.

이 책의 어디선가 나는 그 유명한 '버섯 재배 방식'에 대해 얘기한 바 있다. 그것은 "그들을 어둠 속에 두고, 그들을 거름으로 덮고, 무엇이 자라는지 보라"는 식이다. 대부분의 사람들은 '버섯 재배 방식'이 득과 실이 있음을 알지 못한다. 다시 말해, 그것은 당신의 상사 역시 어둠 속에 내버려둘 가능성이 있다. 거름을 쏟는 방향이 어느 쪽이건 '버섯 재배 방식'은 비생산적이다. 성공적인 팀 운영을 위해서는 정보가 계속 흐르게 해야 한다.

당신의 팀이 적어도 프로젝트의 큰 윤곽에 대해 그때그때 알게 하라. 이 점은 특히 규모가 큰 프로젝트의 경우 더욱 중요하다. 정보가 양쪽 방향으로 흐르게 되면, 정보를 받는 팀원들은 자신들의 일이 최종 목표에 어떻게 공헌하는지, 자신들의 노력이 어떤 가치가 있는지 이해하게 된다. 반대로, 사람들이 진공 속에서 일을 한다는 느낌을 받으면, 즉 자신들이 전체에서 소외되고 있다고 느끼면, 그들의 사기는 떨어질 수밖에 없다. 아울러, 당신이 팀원들에게 그때까지 상황의 진전에 따른 정보를 제공하면, 그들도 당신에게 무언가를 줄 것이다. 작업의 최일선에 있는 그들이 당신보다 벌어지고 있는 사건들에 더 가까울 수도 있다. 좋은 정보의 흐름은 문제의 즉각적인 발견과 더 빠른 기회 포착에 도움을 준다.

팀의 진척상황에 대해 늘 상사에게 알리고 보조를 같이하라.

상사를 어둠 속에 두면 그 사람이 참견하지 않을 것이라고 생각하지 말라. 당신의 상사는 모든 것이 그의 영향 아래 있음을 알 때 훨씬 더 편안함을 느낄 것이다. 상황이 통제되지 않고 있을 때, 당신은 상사에게 문제가 무엇인지 알게 해서 상사의 경험과 지식을 가능한 한 효과적으로 사용하라.

내부 커뮤니케이션에는 기본적으로 두 가지 방법이 있다. 하나는 메시지이고(그 형태는 음성 우편, E-메일, 혹은 메모일 수도 있다) 다른 하나는 모임이다. 다음 절에서는 성공적인 메시지를 남기기 위한 몇 가지 요령을 제시하려 한다. 그래서 우선은 모임에 대하여 생각해 보자.

모임은 당신의 팀을 함께 묶는 연결고리 역할을 한다. 팀 모임은 좋은 정보가 모든 방향으로 흐르게 하고 공감대 형성을 가능케 한다. 모임은 그 참석자들로 하여금 자신들이 팀의 일원임을 계속 일깨워 준다. 전에 맥킨지의 EM으로 있다가 지금은 프레디 맥에서 경영자로 일하는 수잔 토시니가 이런 점을 지적했다. 즉, 성공적인 모임을 위한 한 가지 비결은 모두가 참석한다는 점이다. 모두가 참석하도록 하려면 팀 모임이 모든 사람의 시간표에서 정기적인 요소가 되어야 한다. 토의할 것이 없을 때는 모임을 취소하라(가능한 한 빨리 취소하라). 그래야 팀원들이 그 시간에 다른 일을 할 수 있다.

성공적인 모임을 위한 수잔의 다른 두 가지 비결은 안건과 리더이다. 안건에 오르는 사항들의 수를 최소화해서 모두가 중요한 사안들, 그리고 문제들의 최신 정보를 갖게 하라. 어떤 것이 다음으로 연기될 수 있으면 연기하는 것이 좋을 것이다. 당신이 리더라면 가능한 한 빨리 안건을 숙지하라.

내부 커뮤니케이션의 또 다른 한 가지 방법은 현장에서 체험하는 것이다. 즉, 돌아다니면서 배워라. 내가 겪은 가장 소중한 대화 가운데 일부는 우연한 만남에서 비롯되었다. 그러니까 복도에서, 휴게실에서, 식당에서, 혹은 고객 기업에서였다. 그냥 돌아다니면서 사람들과 얘기해도 서로 상대방으로부터 많은 것을 배울 수 있다. 우연한 사실의 가치를 과소평가하지 말라.

어떤 방식으로 팀과 의사소통을 하건 자주, 그리고 열린 자세로 하라. 그러면 팀원들의 생산성과 사기가 높아짐은 물론 상사의 마음도 평온해 진다. 불을 켜고 거름을 걸어 내라!

효과적인 메시지를 위한 세 가지 비결

좋은 메시지에는 세 가지 속성이 있다. 즉, 간결성, 철저함, 그리고 구조이다. 이 세 가지 모두를 당신이 보내는 모든 음성 우편, E-메일, 혹은 메모에 적용시켜라. 그러면 메시지를 효과적으로 전달할 수 있다.

메시지는 그것이 E-메일이건, 음성 우편이건, 메모이건, 혹은 깨알같이 적힌 메모지 형식이건 하나의 프리젠테이션이라 할 수 있다. 즉, 메시지는 상대방에게 정보를 전달하는 수단이다. 따라서 효과적인 메시지에는 효과적인 하나의 프리젠테이션과 같은 특성들이 있어야 한다. 먼저 그것은 간결해야 한다. 그러니까 상대방이 알 필요가 있는 사항들만 담고 있어야 한다. 다음으로 그것은 철저해야 한다. 그러니까 상대방이 알 필요가 있는 사항들을 모두 포함해야 한다. 마지막으로 구조가 있어서 관련 사항들

을 분명하게 전달해야 한다.

1. 간결성 간결성은 서면으로 된 의사소통보다 구두로 된 의사소통에서 훨씬 더 문제가 된다. 많은 사람들이 간결한 메모를 작성할 수는 있지만, 간결한 음성 우편을 남길 수 있는 사람들은 얼마나 될까? 이런 그룹에 속하려면 말하기 (혹은 쓰기) 전에 생각해야 한다. 상대방이 알 필요가 있는 서너 가지 요점으로 메시지를 간추려 보라. 필요하면 그것들을 종이 위에 적어 보라. 어떤 맥킨지 사람들은 전체 메시지를 마치 대본처럼 적어본 후에야 자신들의 ED나 DCS에게 음성 우편을 보낸다. 내가 볼 때 이것은 너무 지나친 것 같다. 그냥 요점만 적으면 될 것이다.

2. 철저성 상대방이 알아야 할 모든 것이 메시지에 들어가도록 해야 한다. 상대방이 의문을 갖게 해서는 안 된다. 당신의 상사에게 이렇게 말하지 말라. "나는 지금 X, Y, 그리고 Z를 하고 있습니다. 의문점이 있으면 전화를 하기 바랍니다." 자신이 무엇을 하고 있는지 얘기함은 물론 주요 이슈가 무엇인지, 그리고 그것들에 대한 자신의 생각이 무엇인지도 얘기해야 한다. 그저 호텔에 이름만 적어 놓듯이 메시지를 남기지 말고, 특별히 중요한 말이 없을 때는 있을 때까지 기다려야 한다.

3. 구조 메시지가 빨리 이해되려면 구조를 갖춰야만 한다. 그리고 그 구조는 상대방이 쉽게 알 수 있는 것이어야 한다. 당신이 1쪽 짜리 E-메일을 작성하건 30초 짜리 음성 메시지를 남기건, 간단한 구조가 메시지를 전달하는 데 도움이 된다. 그것은 다음과 같은 아주 기본적인 것일 수 있다.

우리에게 세 가지 문제가 있습니다. 그것들을 순서대로 얘기하면,

- 우리의 소품들이 너무 비쌉니다.
- 우리의 영업조직이 무능력합니다.
- 우리의 소품 공장이 파괴되었습니다.

때로는 메시지를 다소 지나치게 구조화할 수도 있다. 뉴욕 본사에서 일한 어떤 EM은 맥킨지 양식으로 쇼핑 리스트를 만드는 것으로 유명했다. 또 다른 EM은 자기 아내의 자동 응답기에 맥킨지의 구조가 담긴 사랑의 메시지를 남기기도 했다.

당신이 이렇게 지나친 구조화된 방식을 따를 필요는 없을 것이다. 그러나 비즈니스상의 커뮤니케이션에서 효과적인 메시지 전달을 위한 세 가지 핵심을 알면 도움이 될 것이다.

늘 어깨 너머를 살펴라

당신이 성공적인 컨설턴트가 되려면 기밀을 유지할 수 있어야 한다. 언제 말할 수 있고 언제 말할 수 없는지 알아야 한다. 약간은 신경과민이 되어야 한다.

맥킨지에 처음 입사했을 때 나는 회사의 동료들과 함께 간단한 오리엔테이션 과정을 밟았다. 그런데 보안에 관한 강의 시간에 연사인 EM이 이런 이야기를 했다. 그 사람이 자기 애인의 아파트에서 밤을 보냈을 때 서류가방에 자물쇠를 채워 두었다는 것이었다. 당시만 해도 나는 그것이 너무 지나치다고 생각했다. 자기 애인을 믿지 못하면 누굴 믿을 수 있단 말인가(물론 당시만 해도 나는 젊었고 순진했다)? 그러다가 회사에서 좀더 근무를 한 후에야 나는 맥킨지 사람들이 보안을 얼마나 중요하게 생각하는지 알게 되었다.

맥킨지의 기업 문화는 끊임없이 보안을 강조한다. 우리는 그것을 늘 염두에 두었다. 우리는 비행기를 타고 갈 때 서류가방에서 고객의 정보를 꺼내 일하려 하지 않았다. 옆자리에 누가 앉아 있을지 알 수 없기 때문이었다. 그것은 경쟁사나 언론인, 혹은 고객 기업의 직원일 수도 있다. 그리고 비행기를 타고 있는 세 시간 동안 반드시 일해야만 했을 때, 아주 조심스럽게 일을 했다.

우리는 고객들의 이름을 회사 밖에서 언급하지 않았다. 그리고 때로는 맥킨지 내에서도 언급하지 않았다. 맥킨지 사람들은 종종 동종 업계의 여러 기업들을 위해 일을 한다. 그래서 일부 정보는 동료 직원들에게도 비밀로 유지해야 한다. 우리는 종종 고객회사에 대해 암호명을 사용했다. 그러나 그것이 항상 성공적이지는 않았다.

한번은 독일 출신의 어떤 EM이 집에 와 보니 자기 애인에게서 연락이 와 있었다(그 여자는 우리 EM과 경쟁 관계에 있는 컨설팅회사에서 근무했다). 암호명(Code) A를 위한 만찬이 뮌헨의 어느 멋진 식당에서 있을 것이라는 내용이었다. 그런데 Code A를 독일식으로 발음하면 Code ah(코다)가 되었다. 그리고 고객 기업의 이름이 바로 Coda(코다)였다. 그래서 실제로 고객의 이름이 알려졌지만, 다행히도 발음 때문에 드러나지는 않았다. 우리 EM은 그것을 알고 기분이 좋지 않았다.

당신이 자신의 문제를 해결하는 중이라면 기밀 유지가 필요 없을지도 모른다. 그러나 그 경우에도 그렇게 하는 것이 좋을 것이다. 자신에게 몇 가지 간단한 질문을 해 보라. 내가 비행기에 앉아 있는데 어떤 경쟁사가 내가 하는 일을 알게 되면 어떻게 되는가? 그것이 해당 과제와 관련이 없는 우리 회사의 직원이면 어떻게 되는가? 그것이 상사라면 어떻게 되는가?

당신이 무언가 민감한 일을 하고 있다면 몇 가지 기본적인 주의를 해야 한다. 중요한 서류들을 여기저기 어질러 놓지 말라. 퇴근하기 전에 책상과 서류함에 자물쇠를 채워라. 업무의 세부사항을 팀 밖에서 얘기하지 말라(정보를 누설시킬 위험이 없다면 배우자에게는 괜찮다). 민감한 자료를 밖으로 갖고 가지 말라. 민감하다는 것은 경쟁사나 언론인이 흥미를 느낄 수도 있다는 것이다. 전화로 하는 얘기에 주의를 기울이고, 팩스나 E-메일, 혹은 음성 메시지를 보낼 때는 더욱 신경을 써라. 그것들이 금방 엉뚱한 사람에게 알려질 수도 있기 때문이다.

13

고객과 함께 일하기

고객 팀과 함께 일하는 것에 대하여

두말 할 필요 없이 고객이 없으면 맥킨지도 없다. 고객들이 (엄청난) 돈을 지불하기 때문에 회사가 계속 돌아갈 수 있는 것이다. 따라서 맥킨지가 늘 고객을 우선에 두라고 얘기하는 것도 놀랄 일이 아니다. 헤미시 맥더멋은 맥킨지에 진정한 계층구조는 하나 밖에 없다고 지적했다. 그것은 (중요한 순서대로) 고객, 회사, 그리고 자신이다.

이번 장에서는 고객들과 함께 일을 하는 데 있어 맥킨지 방식이 적용되는 두 가지 측면을 보도록 하겠다. 우선 먼저 고객 팀을 가장 효과적으로 활용하는 방법부터 살펴볼 것이다. 고객 팀이란 해결책을 만들기 위해 맥킨지 사람들과 함께 일을 하게 되는 고객 기업의 업무 팀을 말한다. 우리는 또 고객 팀과 함께 일하는 것이 득보다 실이 되지 않도록 하는 방법에 대해서도 살펴 볼 것이다. 이어서 우리는 고객을 관리하는 기법에 대해 생각해 볼 것이다. 맥킨지의 경우에는 이것이 애초에 컨설팅을 의뢰한 고객 기업의 고위 관리자들을 관리하는 방법을 말한다. 우리는 고객들을 참여시켜서 우리의 노력을 돕도록 하는 방법과 해결책이 실제로 실행되게 하는 방법에 대해 무엇인가를 배울 수 있을 것이다.

일부 독자들에게는 고객기업의 팀이라는 것이 별 상관없는 문제로 보일지도 모른다. 당신이 컨설턴트가 아니라면 굳이 고객 팀을 다루어야 할 때가 언제인가? 그 답은 당신이 생각하는 것보다 더 빈번할 수도 있다는 것이다. 큰 조직의 문제해결자가 된 당신은 다른 사업부의 팀과 함께 일하게 될지도 모른다. 혹은 당신이 전혀 다른 기업의 어떤 팀과의 합작 사업에 관해서 일을 하게 될지도 모른다. 그런 경우에 이번 장에서 소개하는 방법들이 도움이 되었으면 하는 마음이다.

고객 팀을 자기편으로 만들어라

당신이 고객 팀과 일할 때, 함께 호흡을 맞춰 일하지 않으면 결과가 절대로 좋을 수 없다. 그들의 노력이 당신에게 얼마나 중요한지, 그리고 왜 함께 일하는 것이 그들에게도 이득이 될 수 있는지 알게 하라.

고객 팀과 일할 때 가장 먼저 해야 할 것은 그들을 당신 편으로 만드는 것이다. 그들이 당신을 돕고 싶어하도록 만들어라. 맥킨지에서 우리는 고객 팀을 우리 편으로 만드는 비결이 그들의 목표를 우리의 목표와 동일시하는 것임을 알게 되었다. 그들의 임무가 실패하면 맥킨지의 임무도 실패하고 맥킨지의 임무가 실패하면 그들의 임무도 실패함을 그들이 알아야만 한다.

고객 팀의 팀원들은 또한 맥킨지와 함께 일하는 것이 그들에게 좋은 경험이 될 것임도 알아야만 한다. 적어도 무엇인가 배우는 기회가 될 수 있고, 그럼으로써 자신들의 경력에 도움이 됨을 납득시켜야 한다. 그들은 또 자신들의 조직에서 진정한 변화가 일어나게 만들 수 있는 기회도 갖게 되는데, 이런 경험은 대부분의 직장인들에게 흔치 않은 것이다.

예를 들어, 내가 월가의 어떤 증권회사를 위해 조직개편 업무를 하고 있을 때, 우리 팀이 함께 일한 고객 팀은 IT(정보관리) 부서의 사람들로 구성되어 있었다. 그 고객 팀에 한 사람이 있었는데(나는 그를 모티라고 부르겠다), 대형 컴퓨터 프로그래머였던 그 사람은 마치 커다란 기계의 부속품처럼 보였다. 모티는 키가 165센티 가량 되었고, 두꺼운 안경을 쓰고, 자기 몸에 맞지 않는 양복을 입고 있었다. 그리고 브룩클린에서 자기 부모와 함께 살고 있었다. 모티는 사실 그 고객 팀에 들어가고 싶지 않았다. 그가 맡고 있는 '진짜' 업무들이 많았기 때문이다.

그러다가 내가 모티와 함께 팀을 이루어 인터뷰를 몇 번 했다. 그는 자기 조직의 중견 관리자들과 만나야만 했는데, 그들은 은행원, 중개인, 그리고 영업사원들로서 사업의 최전방에 있는 사람들이었다. 모티가 그들에게 질문을 하고 자기 부서가 어떤 일을 해야 하는지에 관해 그들의 의견을 들어야만 했다. 모티는 자신의 기술을 활용해 일상 업무에서는 보지 못했을 문제들을 해결하는 법을 배웠다. 그는 또 작업이 진행되는 동안 모임에서 점점 더 자신감과 설득력을 갖게 되었다. 맥킨지와 일한 것은 모티의 눈을 뜨게 하는 소중한 경험이었고, 모티는 그것을 아주 좋아했다(특히 자신이 인터뷰 메모를 할 필요가 없었기 때문에 더 그랬다. 그 일은 내가 맡았다).

한 가지 조언을 더 얘기함으로써 이 절을 마칠까 한다. 이것은 어찌 보면 내가 이미 얘기했던 어떤 것과 모순될 수도 있다(5장에서 다루었던 팀웍 유지에 관한 것이다). 팀웍 유지 활동은 고객 팀과 일을 할 때 정말로 중요한 활동이 될 수 있다. 고객 팀은 맥킨지의 팀만큼 공유된 경험에 의한 결속력이 크지 않기 때문에 양쪽이 조금만 가까워지면 함께 일하는 것이 훨씬 더 쉬워질 수 있다. 같이 야구장에 가거나 좋은 식당에서 저녁을 먹으면 공식적인 자리에서의 경직된 태도를 접어놓을 수 있고, 그렇게 되면 상대방도 똑같이 자신의 삶을 가진 사람임을 알게 된다.

짐이 되는 고객 팀의 팀원을 다루는 법

고객 팀의 모든 사람이 당신과 같은 능력이나 목표를 갖고 있지만은 않다. 짐이 되는 고객 팀의 팀원은 할 수 있다면 교체시켜라. 그렇지 않다면 그들을 피해 일을 하라.

짐이 되는 고객 팀의 팀원에도 두 종류가 있다. 즉, 그냥 쓸모없는 사람과 노골적으로 적대감을 표시하는 사람이다. 가장 좋은 것은 두 가지 유형 모두 팀에서 배제하는 것이다. 그러나 대개는 이 둘을 모두 만나게 된다.

뉴욕의 어떤 은행과 일을 할 때, 우리 팀과 함께 일한 고객 팀은 다양한 부서에서 선발된 중견 관리자들로 구성되어 있었다. 투자 부서, 업무 지원 부서, 혹은 대출 부서 등이었다. 그중에서 업무 지원 부서 출신이 있었는데, 나는 그 사람을 행크라고 부르겠다.

행크는 말하자면 거치른 금강석이었다. 그는 키가 195센티나 되었고, 전에 풋볼 선수로 있다가 직장인이 된 것 같은 모습이었다(그리고 실제로도 그랬다). 넥타이가 와이셔츠와 맞는 적이 없었으며, 양복 상의에는 거의 언제나 음식 자국이 묻어 있었다. 그러면시도 행크는 자기 분야의 일을 속속들이 알고 있었고 맥킨시의 어떤 사람 못지 않게 똑똑했다.

행크는 맥킨지와 일을 하고 싶지 않았다. 그는 맥킨지가 별 성과도 없이 돈만 챙기는 회사이고, 자기 직원들은 뒤처리나 떠맡아서 해야 하는 것이라고 생각하고 있었다. 그는 고객 팀의 일원이 되고 싶지 않았다. 그에게는 해야 할 진짜 일들이 있었다. 하지만 상사가 지명해 할 수 없이 팀의 일원이 되었고, 그래서 매일 모습을 보이기는 했어도 도움은 주지 않으려 했다. 간단하게 말해서 행크는 쓸모 없는 팀원이었다.

행크 같은 사람, 혹은 너무 멍청하거나 무능해서 필요한 일을 할 수 없는 사람은 어떻게 다룰 것인가? 가장 쉬운 첫 번째 방법으로는 짐이 되는 그 사람을 대신하여 더 좋은 사람을 맞아들이는 것이다.

그러나 이런 일이 늘 가능한 것은 아니다. 때로는 더 좋은 사람이 없어서 그냥 행크 같은 사람과 일을 해야만 한다. 이런 경우에는 행크 같은 사람을 다뤄야만 한다. 그 사람을 피해서 일을 하라. 그 사람이 할 수는 있지만 변변치 못한 일을 그에게 할당하라. 그 일은 중요한 일이어서도 안 되고 팀의 다른 사람이 할 수 없는 일이어서도 안 된다. 꼭 필요한 일은 팀의 다른 사람에게 맡겨야 한다.

그런 결점에도 불구하고 행크는 카를로스보다는 나은 사람이었다. 아르헨티나 출신의 카를로스는 옥스퍼드를 졸업하고 하버드에서 MBA를 받은 정말 똑똑한 사람이었다. 카를로스는 고객 팀의 리더였으며 고객 기업의 최고 경영자들과 우리 사이를 잇는 연락선이었다. 그러나 그는 훼방꾼이기도 했다. 카를로스의 뒤에는 맥킨지의 컨설팅을 원치 않는 일단의 조직 내 파벌이 있었다. 그 파벌은 맥킨지의 제안이 어떤 것이 될지 안다고 생각했으며 그것을 좋아하지 않았다.

카를로스는 은밀하면서도 적극적으로 우리가 하는 일을 방해했다. 그는 우리를 막다른 골목으로 안내했다. 그는 우리가 없는 자리에서 이사회에다 우리의 험담을 했다. 그리고 툭 하면 우리의 작업을 방해했다. 우리는 그가 우리 편이 아님을 금방 알게 되었다.

카를로스 같은 사람, 혹은 적개심을 갖고 있는 고객 팀의 팀원을 다루는 것은 행크 같은 사람을 다루는 것보다 더 까다롭다. 이번에도 역시 최상의 전술은 그런 훼방꾼을 팀에서 제거하는 것이다. 그러나 이런 일은 대개 쉽지 않은 법이다. 고객 팀에 카를로스 같은 사람이 있는 것은 고객 기업의 힘센 누군가가 그 사람을 지원하고 있기 때문이다. 따라서 차선의 해결책은 스파이들과 훼방꾼들을 피하면서 일을 하는 것이다. 할 수 있으면 그들의 능력을 활용하고, 가능하면 민감한 정보는 제공하지 말라. 스파이의 뒤를 누가 받치고 있는지 알게 되는 경우 그 주동자의 계획을 알아내라. 어쩌면 해결책을 제시할 때가 되었을 때 그것을 유리하게 이용할 수도 있다.

우리의 경우에는 카를로스를 우리의 ED에게 맡겼다. ED는 그런 사람을 다룰 수 있는 정치적인 기술과 힘을 갖고 있었다. 그런 후에도 카를로스는 프로젝트 과정 내내 우리에게 가시 같은 존재가 되었다.

짐이 되는 사람을 반드시 재앙으로 간주할 필요는 없다. 때로는 거친 금강석도 빛나게 할 수 있다. 행크의 경우에는 몇 주 동안 함께 일한 후에 우리와 협력하게 되었고, 적어도 부분적으로는 문제해결을 위한 맥킨지 방식을 이해하게 되었다. 그래서 결국에는 행크도 우리의 일에 도움이 되었다.

고객을 참여시켜라

고객이 돕지 않으면 당신의 작업은 어려움에 처한다. 고객이 계속해서 당신의 작업에 참여하도록 만들어라.

경영 컨설턴트나 조직 내 문제해결사로 성공하려면 고객으로 하여금 — 그 고객이 상사이건 혹은 외부에서 당신을 고용한 기업의 경영진이건 — 문제해결 과정에 계속해서 참가하게 만들어야 한다. 문제해결 과정에 참여시킨다는 것은 고객이 당신의 작업을 돕도록 하고, 필요한 자원을 제공해 주고, 최종 결과에 관심을 갖도록 하는 것이다. 고객의 참여 없이 어떤 작업이 성공한다는 것은 생각하기 어려운 일이다.

고객이 계속해서 참여하게 만드는 첫 번째 단계는 그들의 이슈를 이해하는 것이다. 고객은 아마도 당신의 노력이 그들에게도 이익이 된다고 생각해야만 당신을 지원해 줄 것이다. 고객의 이해관계가 계속해서 변할 수도 있음을 기억하라. 자주 접촉하고 정기적으로 고객과 만남으로써(짧은 메모도 괜찮다), 고객과의 관계를 유지하면서 당신의 과제에 대한 고객의 관심을 지속시킬 수 있다. 고객의 일정표를 미리 파악하라. 작업 진전에 따른 추가 안건을 논의하기 위한 중간 회합을 미리 계획해 두면 좋다.

작업 초기의 '작은 승리'가 당신의 작업에 대한 관심을 높일 수 있다(이 점에 대해서는 3장에서 이미 얘기했다). 이런 '승리'는 클수록 더 좋다. 이런 것이 있어야 고객이 관심을 나타내고 문제해결 과정에 더 적극적으로 참여한다. 당신의 일에 대한 최종적인 성과 역시 고객이 문제해결에 이르는 과정에 참여하고 이해할 때가 그저 잘 싸여진 보고서를 건네 받을 때보다 훨씬 클 것이다.

이런 상황이 컨설팅의 역설 중의 하나를 초래한다. 당신이 외부에서 고용된 컨설턴트라면 당신의 훌륭한 작업에 대한 평가를 제대로 받지 못할 것이다. 당신의 해결책이 정말로 훌륭하면, 고객 기업이 그것을 자기들의 공으로 돌릴 것이다. 수잔 토시니는 맥킨지에서 신입컨설턴트로 일할 때 이것을 직접 경험했다.

나는 고객 기업이 부동산 취득을 평가하는 데 사용할 복잡한 현금 흐름 모델을 개발했다. 나는 그 일을 하느라고 여러 달을 고생해야 했다. 그것은 너무나도 힘든 작업이었다. 고객 기업의 팀도 나름대로 그 문제를 가지고 일을 했지만, 기본적으로 그것은 내가 만든 모델이었다. 부동산 취득 부서의 중견 관리자들을 위한 교육 프로그램에서 마침내 그 모델을 발표할 시간이 되었을 때, 고객 팀의 팀원들이 자리에서 일어나 그 모델을 자신들이 개발했다고 얘기했다. 나는 뒤에 앉아 있다가 "이봐, 그것은 내가 만든 모델이야"라는 생각이 들었다. 하지만 그러다가 그 사람들이 그렇게 생각하도록 내버려두는 것이 훨씬 더 낫다는 것을 알게 되었다. 그것은 맥킨지의 모델도 아니었고, 수잔의 모델도 아니었다. 그것은 그들의 모델이 되었다.

사실 이런 결과도 그렇게 나쁜 것은 아니다.

조직 전반의 동의를 얻어라

당신의 해결책이 고객에게 지속적인 영향을 미치려면, 해당 조직의 모든 부문에서 그것에 대한 지지를 얻어야 한다.

당신이 훌륭한 해결책을 만들고, 그것을 논리적으로 구조화하고, 그런 후에 정확하고 분명하게 고객에게 제안을 했으면, 이제는 일이 끝났으므로 돌아갈 수 있다. 그런가? 아니다! 당신이 오래 지속되는 진정한 변화를 만들고자 한다면 해당 조직 모두로부터 당신의 해결책을 수용하겠다는 동의를 이끌어 내야 한다.

예를 들어, 가령 당신이 이사회의 멤버들에게 소품 판매 수익성을 높이려면 소품 판매 영업망을 재편하고 소품 생산과정을 정비해야 한다고 얘기했다 치자. 당신의 주장에는 충분한 근거가 있고, 그래서 이사회가 그런 제안을 통과시킨다. 샴페인의 마개가 열리고 담배에 불이 붙는다. 그러나 아직도 한 가지 껄끄러운 부분이 남아 있다. 즉, 그 모든 제안에 대해 판매 영업팀과 생산 라인의 근로자들은 어떤 생각을 하는가? 그들이 당신의 아이디어를 받아들이지 않으려 하고, 제동을 걸면, 당신의 해결책은 실행되지 않을 것이다. 그것은 결국 누군가의 서랍 속에서 잠을 자게 될 것이다.

이런 비참한 운명을 피하기 위해서는 조직의 모든 사람들에게 당신의 해결책을 팔아야 한다. 그것을 이사회에 제안한 후에 중견 관리자들에게 제안하라. 아마도 그들이 실행을 위한 일상적인 책임을 맡고 있을 것이다. 따라서 그들에게 상황을 알리는 것이 필요하다. 아울러 일선에서 일하는 실무자들의 생각도 알아야만 한다. 아마도 당신이 제안한 변화들은 이들에게 가장 큰 영향을 미칠 것이다. 따라서 그들을 설득하는 것이 성공적인 실행을 위해 필수적이다. 마지막으로, 조직 구석구석을 설득하기 위해 여러 사람들에게 프리젠테이션을 하면 당신 팀의 신입컨설턴트들이 커뮤니케이션 능력을 갈고 닦을 수 있는 좋은 기회를 얻게 된다.

당신의 해결책을 상대방에 맞게 조정하라. 최고경영진에게 하는 제안과 현장 실무자들에게 하는 프리젠테이션이 같아서는 안 된다. 그와 동시에 상대방을 존경해야 한다. 어떤 결과가 나왔는지, 그리고 왜 그렇게 되었는지 설명하라. 사람들에게 전체 그림을 보여 주어라. 그들의 업무가 전체 조직과 어떻게 연관되는지 알게 하라. 그들도 바보가 아니기 때문에 이해할 것이다. 그들을 존경심을 가지고 대하라(기억하라. 그들은 대개 회사에서 존경의 대상이 되지 못한다). 그러면 그들도 당신에게 호의적인 반응을 보일 것이다.

실행은 철저하게 하라

변화가 일어나게 하려면 많은 노력이 필요하다. 집요하게, 그리고 철저하게 시행하라. 누군가 책임을 지고 일을 추진하게 하라.

변화를 위한 제안의 실행은 어려운 과제이다. 그래서 이 문제에 대해 많은 책을 쓸 수 있고 실제로도 많은 책이 쓰여졌다. 나는 여기서 맥킨지 사람들이 배운 몇 가지 기본 원칙을 설명하는

데 그치고자 한다.

중대한 변화를 실행하려면 계획에 따라 일을 해야 한다. 그리고 실행 계획은 언제 어떤 일을 할지 구체적이어야 한다. 가능한 한 가장 구체적으로 계획을 짜라. 그냥 이렇게 쓰지 말라.

우리는 소품 영업조직을 재편해야 한다.

대신에 이렇게 써라.

우리는 소품 영업조직을 재편해야 한다.

- 모든 지역의 영업사원에 대한 교육 프로그램을 갖는다(시행일: 3월 1일부터. 책임자: 탐).
- 영업사원들을 고객유형별 새로운 영업팀으로 재편한다(시행일: 3월 15일부터. 책임자: 딕).
- 새로운 영업팀이 가장 중요한 고객 20명을 방문한다(시행일: 4월 1일부터. 책임자: 해리엇).

전에 EM으로 일했던 어떤 사람이 성공적인 실행을 위한 조언을 이렇게 제시했다.

어떤 일들이 이루어져야 하는지, 그리고 그것들이 언제까지 이루어질 필요가 있는지 바보라도 알 수 있을 만큼 구체적이고 명확하게 작성하라.

이제 충분히 강조되었다고 생각한다.

구체적으로 누가 책임을 지고 실행을 할지 언급하라. 담당자를 고를 때는 세심하게 선발하라. 필요한 능력이 있는 사람들이 관련 업무를 맡게 하라. 마감 시한을 준수하도록 하고, 꼭 필요한 경우 외에는 예외를 두지 말라.

사람을 제대로 고르면 실행 과정을 아주 편하게 만들 수 있다. 그 사람이 당신이 아니라면, 대신에 다른 사람들과의 인간관계를 잘 처리할 수 있는 누군가를 뽑아야 한다. 맥킨지의 고객 중에 국제적인 은행이 있었는데, 이 은행의 관리자들은 다소 무서운 사람을 골라서 중요한 변화의 실행을 맡겼다. 모습과 말투가 아놀드 슈워제네거와 다소 비슷한 로타르라고 하는 그 사람은 아주 간단한 방법으로 임무를 완수할 수 있었다. 이 사람은 맥킨지의 구체적인 실행 계획에 따라서 특정한 과업들을 자기 팀의 팀원들에게 맡겼다. 이들은 격주로 모임을 가졌으며, 그 기간 동안에 과업을 완수하지 못한 사람들은 모든 팀원들에게 그 이유를 설명해야만 했다. 첫 번째 모임이 끝난 후, 몇몇 팀원들은 로타르로부터 혹독한 질책을 들어야 했는데, 그후로는 어떤 사람도 마감 시한을 넘기지 않았다.

그로부터 몇 달 후, 맥킨지의 EM이 로타르에게 전화를 해서 진척 상황을 물었을 때, 로타르가 이렇게 대답했다. "모두가 실행이 무척 어렵다고 말을 하는데, 나에게는 그것이 너무 쉬운 것 같습니다."

4부

맥킨지에서 살아남기

4부에서는 맥킨지에서뿐만 아니라 압박이 심한 모든 조직에서 살아남는 몇 가지 요령을 배우게 된다. 당신이 한 번에 몇 주씩 여행하면서 제정신을 유지하려고 할 때, 당신의 조직에서 성공하기 위해 미끄러운 기둥을 올라가려고 애를 쓸 때, 혹은 그냥 일주일에 1백여 시간씩 일하면서 나름대로의 자기 생활을 가지려고 애를 써야 한다면, 그런 상황에 도움이 되는 무언가를 이곳에서 발견할 수 있을 것이다. 또한 나는 맥킨지의 신입사원 선발 과정에 대해 간략히 소개하고, 맥킨지에서 일하고자 하는 사람들에게 몇 가지 조언을 하고자 한다.

지금까지 이 책을 읽으면서 당신이 생각할 수도 있는 것과는 달리, 맥킨지의 생활에는 일 외의 무엇인가가 있다. 그렇기는 해도 그렇게 많은 것은 아니어서, 4부는 비교적 짧다.

14

자신의 후견인을 발견하라

가능하면 다른 사람들의 경험을 활용하라. 자신보다 높은 지위에 있는 누군가를 정신적인 스승으로 삼아라.

언젠가 타잔이 얘기했듯이 이 세상은 정글이다. 기업 세계의 열대 우림을 통과하려면 안내인이 있어야 한다. 그러니까 누군가 경험이 더 많아서 당신에게 숨은 길을 알려주고 늪지를 피해 가게 해 줄 수 있는 사람을 말한다. 우리는 이런 사람을 정신적인 스승, 혹은 '후견인(mentor)'이라고 얘기한다.

맥킨지는 다양한 방식으로 컨설턴트들이 후견인을 가질 수 있도록 도와준다. 직급에 관계없이 맥킨지의 컨설턴트들에게는 후견인이 붙어서 그들의 활동을 지켜보고 좋은 경력을 쌓을 수 있도록 조언을 해 준다. 표면적으로는 이것이 아주 훌륭한 제도인 것 같다. 적어도 내가 MBA로서 맥킨지에 입사를 고려할 때만 해도 그렇게 보였다.

그러나 훌륭한 제도가 흔히 그렇듯이 그 시행에는 적지 않은 결함이 있다. 나 역시 입사한 직후에 후견인이 붙었는데, 그 사람은 30대의 아주 멋진 파트너였다. 그분이 나를 데리고 슈퍼 모델들이 찾아오는 근사한 이태리 식당에 가서 점심을 사주었다. 우리는 회사에서 일하는 것에 대해, 그리고 어떻게 미끄러져 실수하기 쉬운 길을 피해 성공할 수 있는지에 대해 얘기를 나누었다. 그것은 즐겁고 유용한 45분이었다. 그후 나는 그를 한 번밖에 보지 못했다. 그로부터 6개월쯤 후에 그는 멕시코로 가서 회사의 새로운 사무소를 열었다.

그후 나는 여러 달 동안 혼란 속을 헤매야 했다. 결국에는 나에게 또 다른 후견인이 붙었다. 그는 후견인으로 좋은 명성을 얻고 있었지만, 나는 그에게 할당된 9, 10명의 '피후견인들' 가운데 하나에 불과했다. 그리고 나는 그와의 관계에서 내 실적에 대한 형식적인 검토를 빼고는 별다른 도움을 얻지 못했다.

그럼, 내가 '맥킨지의 바다'에서 후견인도 없이 표류했는가? 그렇지는 않다. 나는 대부분의 맥킨지 사람들이 회사에서 성공하고 싶을 때 하는 일을 따랐다. 즉, 나는 스타에게 내 운명을 맡겼다. 나는 대부분의 일을 한 ED와 했는데, 그는 나를 채용한 바로 그 ED였다. 우리 둘의 관계는 아주 좋은 것이어서 왠지 통하는 데가 있었다. 내가 다른 곳에서는 얻을 수 없는 조언을 필요로 할 때, 나는 그에게 갔다. 그는 내가 가진 전문 지식과 관련 있는 분야의 프로젝트가 있으면 늘 자신의 팀에 나를 넣으려 했다. 나는 그에게 좋은 결과를 보이기만 하면 도움을 받을 수 있다고 확신했다.

내 경험은 대부분의 맥킨지 사람들에게 전형적인 것이다. 자신의 공식적인 후견인으로부터 얼마나 많은 도움을 받을 수 있느냐는 상당 부분 운의 문제이다. 당신이 후견인을 원한다면 적극적으로 찾아 나서야 한다.

나는 이것이 대부분의 큰 조직에 적용되는 교훈이라고 생각한다. 당신의 상사 중 당신이 존경할 만한 식견과 능력을 겸비한 훌륭한 사람을 찾아야 한다. 그리고 그 후견인의 조언을 구해야 한다. 많은 사람들이 조언을 주는 것을 좋아하고 기꺼이 경험을 나누려 한다. 물론 두 사람이 인간적으로도 친하면 더 좋을 것이다. 가능하면 그 후견인과 일을 하고 가능한 한 많은 것을 배워라. 그러나 우물에 너무 자주 가지는 말라. 잘못하면 성가신 존재가 될 수도 있다.

당신의 조직이 어떤 시스템을 갖고 있건, 반드시 자신의 후견인을 찾아라. 당신이 신뢰하고 존경하는 후견인이 있으면 기업 세계의 정글에서 살아남는 데 큰 도움이 된다.

15
출장 여행을 이겨내는 법

전국을 (혹은 전세계를) 돌아다니는 것은 무척 힘이 드는 일이다. 이런 여행을 하나의 모험이자 기회로 생각하면 부담을 덜 수도 있다. 아울러 적절한 계획과 마음가짐 역시 중요하다.

맥킨지에서 일하는 데는 많은 이점이 따르지만(높은 보수, 흥미로운 업무, 수준 높은 동료와 함께 일할 수 있는 점 등), 일 자체는 고된 것일 수도 있다. 곧잘 밤샘 근무를 하는 오랜 근무 시간 외에도, 맥킨지의 많은 컨설턴트들은 대부분의 시간을 가족이나 친구들과 떨어져 보내야 한다.

때로는 회사를 위한 출장 여행이 즐거울 수도 있다. 런던이나 파리에서 일주일을 보내고 주말은 알프스에서 스키를 탈 수도 있다. 그러나 때로는 출장 여행이 피로를 가중시킨다. 전에 EM으로 일했던 어떤 사람은 미국 전역에 있는 고객 기업의 공장들을 하나씩 찾아다니느라 고생한 경험담을 얘기했다. 이보다 더한 것은 매주 월요일 아침에 (혹은 일요일 저녁에) 멀리 떨어진 고객 기업을 찾아가는 일이다. 헤미시 맥더멋 역시 이러한 경험을 했는데, 이 사람은 추운 겨울동안 6개월씩이나 디트로이트에 있는 자동차 회사를 위해 일을 했다. 이런 종류의 여행은 당신의 육체적 건강과 인간 관계, 그리고 때론 정신 건강에도 해를 끼칠 수 있다.

맥킨지 사람들은 힘든 출장에 대처하기 위한 많은 방법들을 개발했다. 그리고 이들 모두가 적절한 습관의 유지가 중요함을 인정하고 있다. 예를 들어 에이브 블라이버그는 이렇게 얘기했다.

출장 여행을 하나의 모험, 또는 기회로 생각할 필요가 있다. 설사 내가 미시건주의 플린트에서 3개월 동안 겨울을 지내더라도 적어도 손주들에게 이렇게 얘기할 수는 있어야 한다. "나는 플린트에서 겨울을 이겨냈다." 이런 얘기는 누구나 쉽게 할 수 있는 것이 아니다.

제이슨 클라인은 이렇게 얘기했다.

관광객처럼 행동하라. 지금 있는 장소와 여건을 최대한 활용하라. 당신이 북부 캘리포니아에서 작업을 하게 되었는데 골프를 좋아한다면 하루 정도 휴식을 갖고 그곳에 있는 좋은 골프 코스를 이용할 수도 있다. 무턱대고 일만 한다고 좋은 것은 아니다.

여행은 일상에서 벗어나 무언가 다른 일을 해 볼 수 있는 기회일 수도 있다. 에이브 블라이버그의 말을 다시 한번 들어보자.

나처럼 출장 여행을 많이 한 사람도 없을 것입니다. 하지만 나는 그 때문에 내가 만나지 못했을 수도 있는 다양한 사람들을 만날 수 있었습니다. 한번은 어떤 프로젝트를 하는 중에 고객 기업의 사람들과 모임을 가졌는데, 그들은 탁자에 둘러앉아 두루마리 화장지의 판매 전략을 의논했습니다. 내가 어떻게 화장지의 판매 전략을 의논하는 자리에 참석할 수 있겠습니까! 그것은 내가 평생 동안 하고 싶은 일은 아니었습니다. 하지만 나는 그런 경험들이 맥킨지에서 일하는 즐거움 가운데 하나라고 생각합니다.

여행에서 살아남는 또 다른 비결은 적절한 계획을 세우는 것이다. 가능하면 시간표를 잘 짜서 금요일이나 월요일에는 집에 올 수 있도록 하라. 짐은 가볍게 싸는 것이 좋다. 여행 중에 꼭 필요한 것이 무엇인지 알아 보라. 될 수 있으면 손가방 정도의 짐만 갖고 비행기에 오르는 것이 좋다. 항공사에서 다른 화물까지 실어줄 것이라고 짐작하지 말라. 한 곳에 오래 있는 경우에는 호텔에 짐을 맡길 만한 방이 있는지, 그래서 그곳에다 짐을 풀어놓고 주말을 홀가분하게 즐길 수 있는지 알아 보라. 그리고 그것이 호텔 직원들의 흡연실은 아닌지 확인해 볼 필요가 있다(아담 골드가 그랬던 것처럼 짐을 잃어버리고 고생하지 말라!). 믿을 수 있는 택시 회사를 찾아 보라. 차를 렌트할 경우에는 목적지까지 가는 분명하고 정확한 길을 사전에 알아 보는 것이 좋다. 그렇지 않으면, 언젠가 헤미시 맥더멋이 그랬듯이, 국도를 벗어나 가로등 하나 없는 디트로이트의 후미진 골목으로 들어갈 수도 있다(이런 종류의 모험을 굳이 할 필요는 없을 것이다).

출장 여행과 업무가 너무 부담스러운 것이 되게 하지 말라. 특히 오랫동안 떠나 있게 되는 경우에는 더욱 그러하다. 업무 외에 즐겁게 즐길 수 있는 오락을 찾아보는 것은 큰 도움이 된다. 예를 들면, 동료나 고객 팀의 팀원, 혹은 경영대학원이나 대학 동기들을 찾아서 함께 저녁을 먹고 영화나 스포츠를 관람하는 것 따위가 될 수 있을 것이다. 그리고 호텔에 돌아오면 잠자리에 들기 전에 무언가를 해 보는 것이 좋다. 이를테면 가벼운 운동이나 독서, 혹은 그냥 TV를 시청할 수도 있다. 출장 근무를 한다는 것이 일하고, 먹고, 자는 단순한 생활의 반복이 되게 하지는 말라.

마지막으로, 내가 에릭 하츠에게서 들었던 또 하나의 조언을 해 주고 싶다. 지금은 한 은행의 행장으로 있는 그 사람이 이렇게 얘기했다.

어떤 사람이든지 존중하는 마음으로 대하라. 맥킨지 사람들은 까다로운 성질에다 어떤 상황에서는 참지 못하는 경우가 종종 있다. 그리고 그 결과 자신들이 원하는 것을 얻지 못하는 경우가 있다. 내 동료들 가운데 일부는 내가 어떻게 식당이나 호텔에 가서 좋은 등급의 자리로 안내 받을 수 있는지, 혹은 비행기가 만석이 되어 자리가 없는 가운데에도 어떻게 화물칸에 내 가방을 올려놓을 수 있는지 궁금해하곤 했다. 비행기 승무원, 호텔 종업원, 고객 기업의 조수들— 이런 사람들은 높은 지위에 있으면서도 존중하는 마음으로 그들을 대하는 사람들을 더 돕고 싶어한다. 그렇게 하면 또 당신의 스트레스 수준도 낮출 수 있다. 짜증을 내기보다 친절하게 구는 것이 더 이롭다. 따라서 그것은 양쪽 모두 이기는 상황(WIN/WIN)을 가져온다.

어쩌면 이것이 이 책에서 가장 좋은 조언일지도 모른다.

16
출장 갈 때 꼭 필요한 세 가지 아이템

여행을 떠날 때는 반드시 갖고 가야 하는 최소한의 것들만 갖고 가는 것이 좋다. 다음에서는 그중 몇 가지 아이디어를 제공한다.

누구든지 여행을 자주 하는 사람이면 외국에 나갈 때 꼭 갖고 가야 하는 세 가지를 잘 알고 있다. 즉, 여권, 비행기표, 그리고 돈이다. 나는 출장 여행을 갈 때마다 늘 세 가지를 추가로 갖고 간다. 즉, 일정표 사본, 내가 만나야 할 모든 사람의 이름과 전화번호 목록, 그리고 좋은 책 한 권이다. 이미 얘기했듯이, 맥킨지에서는 대개 3이라는 숫자를 좋아한다. 그래서 내가 전직 맥킨지 직원들에게 여행갈 때 늘 갖고 가는 세 가지를 물어보았다.

다음에 드는 것은 그때 나온 일부 대답들을 범주별로 나눈 것이다(어쨌거나 이것은 맥킨지의 리스트이다). 그리고 필요한 경우에는 부연 설명을 했다.

의복

- 여분의 셔츠나 블라우스
- 남자들은 여분의 넥타이
- 여자들은 여분의 편안한 신발
- 일상복
- 운동복("여행 중에는 운동을 거르기 쉽다")
- 야간 비행시에 따뜻하고 편안한 털스웨터

도구

- 필기 도구
- 그래프 용지(손으로 차트를 그릴 때)
- 고객에게 보낸 모든 서류의 사본
- 휴대용 계산기

개인 용품

- 치솔
- 남자들은 면도 용품
- 여자들은 화장 용품
- 멀미약
- 감기약

계획과 연락을 위한 것들

- 다이어리
- 신용카드("나는 그것들을 별도의 지갑에 넣는다")
- 비행기 시간표
- 휴대폰("무엇을 잊더라도 팩스로 보내게 할 수 있다")
- 고객을 찾기 위한 약도(그래야 디트로이트에서 엉뚱한 곳으로 빠지지 않을 수 있다!)

소일 거리

- 좋은 책
- 비행기에서 읽을 신문 기사 스크랩
- 카세트 테이프에 녹음된 책. 특히 운전을 오래 해야 할 때.
- 랩탑 컴퓨터에 실린 비디오게임

가장 특이한 대답은 전에 맥킨지의 뒤셀도르프 사무소에서 일했던 어떤 사람이 한 것이다. 그 사람은 코카콜라를 들었다("나는 동유럽에 자주 여행을 했는데, 이제는 마시고 싶을 때마다 늘 그것을 마실 수 있다"). 아마도 이것은 개인 용품에 속할 것이다.

이런 대답들에 공통되는 주제가 있다면, 그것은 '미리 준비하라'는 점이다. 정말로 필요한 무언가가 없어서 당황하는 일을 피해야 한다. 그렇기 때문에 세 가지 항목을 가장 잘 대답한 사람은 전에 워싱턴 DC 사무소에서 일했던 어떤 신입컨설턴트일 것이다 (이 사람은 당연히 익명을 요구했다). 우리의 영웅은 브라질에서 많은 시간을 보냈는데, 브라질은 특히나 날씨가 변덕스러운 곳이다. 이 사람이 제시한 세 가지 항목은 우산, 선글라스, 그리고 콘돔이었다.

17

좋은 비서는 생명선이다

그것이 비서이건 업무 지원자이건, 당신의 메시지를 받고, 스케줄을 조정하고, 타이핑을 하고, 복사를 하고, 서류를 정리하고, 그밖에 여러 가지 사무를 해 주는 사람은 너무나도 소중한 자원이다. 당신의 비서를 잘 대접해야 한다.

맥킨지 뉴욕 사무소에선 좋은 비서를 구하기 위해 최고의 MBA를 찾으려는 것만큼 공을 들인다. 어느 큰 조직처럼 맥킨지 역시 컨설턴트들이 하기 힘든, 혹은 할 수 없는 수많은 업무를 효과적으로 다루는 유능한 비서들이 없다면 조직은 무너지고 말 것이다. 컨설턴트들이 많은 시간을 출장지에서 보낼 때, 그들의 비서가 그들을 회사와 연결하는 생명선의 역할을 한다.

맥킨지는 유능한 비서들을 뽑기 위해 그들에게도 비서로서의 경력을 쌓을 수 있는 기회를 제시한다. 비서들은 처음에 대개 네댓 명의 신입컨설턴트들과 일을 한다. 그러다가 일부는 더 높은 SEM들을 도와주며, 아주 유능한 비서들은 파트너나 디렉터들을 위해 일을 하게 된다. 비서들도 컨설턴트들처럼 정기적인 훈련을 받고 매년 휴가도 얻는다. 그러나 이것으로 끝나는 것이 아니다. 회사의 행정 업무와 인력 선발을 담당하는 많은 관리자들이 비서 출신이다. 그런 위치에까지 이르면 이제는 상당한 힘과 책임이 있는 자리가 된다. 이 모든 것이 최고의 비서들을 모으려는 회사의 노력의 일환인데, 이것은 최고의 컨설턴트들을 뽑으려는 노력과 같은 것이다.

좋은 비서는 다양한 방식으로 컨설턴트의 생활을 쉽게 만들어 준다. 비서들이 하는 일은 타이핑, 서류 정리, 그리고 복사 같은 기본적인 것에서부터 시간표 작성, 신용카드 대리 결제, 혹은 중요한 사람들에게 꽃 배달 같은 개인적인 것까지 다양하다. 사실은 이런 개인적인 일이 컨설턴트의 생활을 정말로 쉽게 만드는 것이다. 대부분의 맥킨지 사람들은 직접 타이핑을 할 수 있고, 많은 사람들이 스스로 서류 정리를 하고, 누구든지 즉시 복사기로 달려갈 수도 있다. 그러나 먼 곳에 출장을 가 있는 동안 뒤에서 누군가 자기 일을 꼼꼼히 돌봐 주는 사람이 있다는 것은 정말로 마음 편한 일이 아닐 수 없다!

이와 반대되는 상황은 정말로 끔찍하다. 나는 비서들이 제 역할을 못 해서 지옥 속에서 일을 하는 수많은 신입컨설턴트들을 보았다. 서류가 없어지고, 엉뚱한 곳으로 팩스가 가고, 메시지는 며칠 후에야 전달되고, 전화 매너가 좋지 않아서 고객들이 화를 내게 되고…. 어떤 컨설턴트는 동시에 2명의 남자친구를 사귀었는데, 비서가 말을 잘못 하는 바람에 그만 들통이 나고 말았다.

맥킨지의 신입컨설턴트들이 좋은 비서를 만나는 것은 정말로 행운이다. 그리고 내 경우 운이 무척 좋았다. 내 비서인 샌디는 처음부터 훌륭하게 업무를 처리했다. 비록 4명의 다른 컨설턴트들과 공유하는 비서였지만, 샌디는 늘 내 일을 잘 도와주었다. 그리고 나는 늘 그녀에게 최고의 점수를 주었다(그것은 다소 불안한 일이었다. 잘못하면 어떤 파트너가 그녀를 뽑아갈 수도 있기 때문이었다). 나는 샌디를 잘 대접하려고 애를 썼다. 그것은 '비서의 날'에 꽃을 주거나 성탄절에 좋은 선물을 주는 일만이 아니었다. 나는 그녀를 최대한 존중해서 다루었고 가능한 한 그녀의 일을 쉽게 만들어 주었다.

나는 늘 내 비서에게 내가 원하는 것을 분명하게 일러주었다. 나는 내가 어디 있는지 그녀에게 항상 알려주었다. 그래야 중요한 소식이 있거나 고객과 동료들이 나와 연락하고 싶을 때 연결이 될 수 있었다. 특히 나는 그녀가 능동적으로 일을 하면서 스스로 결정을 내릴 수 있도록 최대한 배려를 했다. 이런 노력 때문에 우리 두 사람의 관계는 서로에게 도움이 되는 것이었다.

물론 요즘에는 많은 사람들이 전일제 비서를 두고 있지 못하다. 그래서 때로는 일주일에 몇 시간만 일을 하는 시간제 비서나, 혹은 다른 일도 해야 하는 하급 직원의 도움을 받아야 한다. 하지만 원칙은 여전히 같은 것이다. 즉, 그들을 잘 대접하고, 원하는 것을 분명하게 밝히고, 그들이 성장하도록 도와 주어라. 물론 시간제 비서는 회사에서 승진을 할 수 없을 것이다. 하지만 그럼에도 존중해서 그들을 대하면 훨씬 더 좋은 결과가 나올 것이다. 반면에 젊은 직원인 경우에는 약간만 도와 줘도 큰 혜택을 받을 것이다. 관심을 갖고 그들이 성장할 수 있도록 도와 주어라. 그들의 질문에 답을 하고 필요한 정보를 주는 것은 당신에게도 도움이 된다.

18
맥킨지 방식의 직원 선발

맥킨지는 직원을 선발할 때 특별한 자질을 가진 사람을 찾는다. 맥킨지가 그것을 어떻게 찾는지, 그리고 여러분이 그것을 어떻게 보여줄 수 있는지 알아보자.

맥킨지가 추구하는 목표 가운데 하나는 "뛰어난 인재들을 모으고, 육성하고, 자극하고, 보유할 수 있는 회사를 만드는 것"이다. 그리고 이런 목표 달성을 위한 첫 번째 단계는 가능한 한 최고의 인재들을 선발하는 것이다. 내가 앞서 얘기했듯이, 맥킨지는 최고 중의 최고, 경영대학원에서 가장 우수한 성적을 올린 사람들을 뽑으려 한다. 그리고 법학대학원과 경제 및 금융 부문의 졸업생들도 그 대상이다. 맥킨지는 또 의학, 과학, 그리고 정치학 같은 경영학 이외의 '다른 분야'에서도 우수한 인재들을 뽑으려 한다.

맥킨지는 직원 선발을 중요하게 생각하기 때문에 그에 필요한 많은 노력을 기울인다. 이 회사는 어떤 회사보다도 더 많은 노력을 기울인다. 예를 들어 미국의 모든 명문 경영대학원에는 그곳을 담당하는 맥킨지의 컨설턴트들이 있다. 그리고 그 일을 위한 독립적인 예산 항목도 있다. 이런 비용은 더 늘어날 수도 있다. 뉴욕 본사의 컨설턴트 4명을 필라델피아에 보내 5일 동안 최고급 호텔에서 묵게 하고, 그런 후에 수십 명의 MBA들을 멋진 식당에서 대접하게 하는 일은 많은 비용이 들어간다. 뿐만 아니라 이들이 그런 활동을 하는 동안에 일을 하지 못하는 기회 손실까지 감안하면 그 비용은 엄청난 것이다!

맥킨지는 직원을 선발하는 것이라면 사소한 일에도 비용을 아끼지 않는다. 크리스틴 애슬리슨이 법학박사 겸 MBA인 어떤 여성을 채용하기 위해 뉴욕에서 점심을 샀을 때, 그녀가 그 사람을 데려간 식당은 최고 중에서도 최고의 식당이었다. 그 식당에서는 몇몇 유명 인사들이 식사를 하고 있었으며, 그중에는 유명한 방송인 월터 크롱카이트도 있었다. 크리스틴은 그때를 이렇게 회상

했다. "우리 두 사람은 그날 환상적인 분위기 속에서 식사를 했습니다."

이렇게 많은 돈을 쓰면서 맥킨지가 가장 찾고자 하는 능력은 분석력이다. 전에 직원 선발을 담당했던 어떤 사람은 이렇게 얘기했다.

나는 늘 분석력이 뛰어난 사람들을 찾으려고 했습니다. 그러니까 문제를, 이를 이루고 있는 구성 요소들로 나눌 수 있는 사람입니다. 나는 그들이 문제를 어떻게 구조화할 수 있는지 명확한 확증을 얻고 싶었습니다. 나는 또 비즈니스 판단력도 중요하게 생각했는데, 이것은 자신의 해결책이 사업상 갖는 의미를 아는 것입니다. 그래서 나는 늘 사례문제를 내곤 했습니다.

사례문제는 맥킨지의 면접에서 중요한 역할을 한다. 그리고 맥킨지가 면접에서 사용하는 사례는 표준적인 것부터 이상한 것까지 다양하다. 예를 들면 이런 질문들까지 나온다. "미국에는 얼마나 많은 주유소가 있는가?" 혹은 "맨홀 뚜껑은 왜 둥근 모양인가?"*

이런 경우에 면접자가 원하는 것은 응시자가 문제를 어떤 식으로 접근하는지 알고자 하는 것이다. 정확한 대답은 그렇게 중요

---

* 내가 회사에 입사하려 했을 때, 내 면접을 담당했던 사람들 중 한 분이 다음과 같은 질문을 던졌다. "당신이 이제 뉴욕시장의 특별 참모가 되었다고 합시다. 시장은 어떻게 뉴욕을 보다 나은 도시로 만들 수 있는지 알고 싶어합니다. 당신이라면 어떻게 말하겠습니까?" 보스턴에서 태어나 보스턴을 사랑해 온 나인지라, 뉴욕 프로야구팀인 양키즈와 메츠 따위를 없애버리는 것이라고 말하고 싶었지만, 나는 문제를 구성요소들로 분해하는 데 집중했다. 그리고 그것은 효과가 있었다.

한 것이 아니다. 대부분의 비즈니스 문제가 그런 것처럼, 이런 질문에는 분명한 답이 없다. 그보다는 문제를 여러 부분으로 나누고 적절한 질문을 하며 필요하면 적정한 가정을 세우는 것이 사례면접에서 성공하는 방법이다.

예를 들어, 미국에 있는 주유소의 수를 생각할 때, 미국에 얼마나 많은 자동차가 있는지 묻는 것부터 시작할 수 있다. 면접자가 그 숫자를 알려줄 수도 있고, 혹은 그냥 이렇게만 얘기할 수도 있다. "나는 모르니 당신이 말해 보시오." 그러면 당신이 이렇게 얘기한다. 미국의 인구는 대략 2억 7,500만이다. 그런데 평균적인 가구가 2.5명이라고 생각하면, 미국의 가구 수는 대략 1억1,000만이 된다. 면접자가 동의의 뜻으로 고개를 끄덕인다. 당신이 어디선가 들은 얘기에 의하면, 미국의 가구에는 평균적으로 1.8대의 자동차가 있다. 따라서 미국에는 모두 1억 9,800만 대의 자동차가 있을 것이다. 그럼 이제, 주유소 하나가 몇 대의 자동차를 처리할 수 있는지만 알면, 미국의 주유소 숫자는 나오게 된다. 중요한 것은 정확한 숫자가 아니라 당신이 사용한 문제해결 방식이다. 내가 인터뷰에서 이 질문을 받았을 때, 내가 제시한 해답은 실제 수치와 3배 정도의 오차가 있었다고 나중에 면접자가 말해 주었지만, 중요한 것은 분석적 사고 능력을 시험하는 것이지, 숫자가 아니다.

그러나 맥킨지의 컨설턴트로 선발되려면 분석력만으로는 부족하다. 맥킨지의 컨설턴트들은 팀으로 일을 하기 때문에 성격도 중요하다. 에이브 블라이버그는 이렇게 얘기했다.

나는 면접까지 받게 된 사람이라면 대개는 맥킨지에서 일하기에 충분히 똑똑할 것이라고 생각했다. 그래서 나는 다음과 같은 질문에 답을 내리려고 애썼다. 즉, 내가 정말로 이 사람과 일을 하고 싶은가? 나는 종종 지적인 능력은 뛰어나도 성격이 괴팍한 사람들은 거부했다. 나는 다음과 같은 말을 하면서 큰 기쁨을 느꼈다. "저 사람은 엄청나게 똑똑한 사람이다. 그러나 나는 백만 불을 주어도 저 사람과 함께 일하지는 않겠다."

후보자가 면접자와 맞아야 하는 것은 물론 회사와도 맞아야 한다. 이것을 알기 위해 면접자는 이력서에 나타나지 않는 다른 점도 생각해야 한다. 많은 후보자들이 쟁쟁한 배경을 가진 상황에서 이런 과정은 아주 힘든 것일 수 있다.

예를 들어 헤미시 맥더멋은 하버드 경영대학원을 졸업한 어떤 후보자를 만난 적이 있다. 헤미시는 전형적인 면접 절차를 시작했다. "그럼, 이제 자신에 대해서 말씀해 주시겠습니까?" 하버드 사나이가 아주 구조화되고 준비된 방식으로 자신의 강점, 특성, 그리고 인생 경험에 대해 장황하게 설명했다. 그것이 준비된 얘기임을 안 헤미시가 중간에 질문을 던졌다. "자신의 분석 능력에 대해서는 어떤 특징이 있다고 생각하십니까?" 그러나 하버드 사나이는 개의치 않고 이렇게 대답했다. "그 질문에 대해서는 잠시 후에 답변하겠습니다." 헤미시는 이렇게 회상한다. "그것은 내가 듣고 싶은 대답이 아니었습니다." 이상하게도 하버드 사나이는 입사 제의를 받지 못했다.

당연히 여러분 가운데 많은 사람이 맥킨지에 입사하는 법을 알고 싶을 것이다. 그 답은 간단하다. 평균 이상의 지능을 갖추고,

좋은 대학과 명문 경영대학원에서 좋은 학업 성적을 올리고, 이전의 모든 직장에서 우수한 업적을 남기고, 아주 뛰어난 분석력을 보여주어라. 말은 쉽지만 실천해 내기란 쉽지 않다.

이 모든 조건들을 충족시킨 후에는 입사를 위한 열쇠가 사례 면접일 것이다. 사례들에 대해서는 이미 얘기를 했지만, 사례를 다루는 가장 좋은 방법을 추가로 제시하겠다. 이것은 제이슨 클라인이 한 말이다.

나는 늘 똑같은 사례를 묻곤 했다. 나는 특정한 대답을 원하지는 않았다. 대신에 나는 사람들이 많은 정보가 한꺼번에 제시되는 복잡한 문제를 어떻게 다루는지 보고 싶었다. 어떤 사람들은 그런 문제에 직면하자 몸이 굳어버리는 것을 볼 수 있었다. 반면에 어떤 사람들은 점점 더 깊이 문제를 파헤쳐 들어가고 있었다. 나는 후자의 사람들을 추천했다.

19
삶을 원한다면 몇 가지 규칙을 세워라

당신이 일주일에 80시간 이상을 일한다면, 먹고 자고 청결을 유지한 후에는 다른 일을 할 시간이 별로 없다. 당신이 자신의 삶을 원한다면 약간의 규칙을 세워야만 한다.

내가 맥킨지에서 일하는 동안 겪었던 고되지만 달콤했던 기억 가운데 하나는 월가의 어떤 투자 은행을 위해 일을 할 때였다. 지금은 아내가 된 애인이 그 회사와 같은 건물에서 투자 전문가로 일을 하고 있었다. 그리고 내 아내는 나 못지 않게 많은 시간을 근무했다. 그 작업을 하던 5개월 동안 우리는 같이 밤늦게 일하던 덕택에 종종 같이 택시를 타고 집으로 가곤 했다. 그것도 새벽 2시에!

내가 전직 맥킨지 직원들에게 어떻게 개인 생활을 위한 시간을 마련했는지 물었을 때, 그들 가운데 많은 이들이 그런 시간이 없었다고 대답했다. 그중에서 한 사람은 이렇게 얘기했다. "나는 내 생활과 업무에 대한 규칙을 만들지 못해서 그 일을 제대로 할 수 없었다. 나는 여가가 직장 생활에 지장을 주진 않을까 너무 걱정했던 것 같다." 이 사람이 그의 경험을 통해 배운 교훈은 미친 듯이 일을 할 때 삶을 원한다면 몇 가지 규칙을 세우라는 것이다.

전직 맥킨지 직원들과 몇 시간 동안 토론을 한 결과 더 좋은 삶을 위한 세 가지 규칙이 나오게 되었다.

- **일주일에 하루는 휴식을 취하라.** 하루를 골라서(대개는 토요일이나 일요일) 상사에게 (그리고 자신에게) 그 날은 특별한 일이 없는 한 휴식을 취하겠다고 얘기하라. 대부분의 상사들은 (적어도 내 경험에 의하면) 대개의 경우 그런 얘기를 받아들일 것이다. 그리고 당신도 그런 다짐을 해야 한다. 그날은 친구나 가족들과 어울리거나 혹은 그냥 일요판 신문을 사서 여유 있는 시간을 보내는 것도 좋다. 잠시 일에서 떨어져 약간의 휴식을 취하라.

- **일을 집에 갖고 가지 말라.** 일과 가정을 분리시켜라. 한 시간 동안 더 사

무실에 있어야 한다면, 집에 가서 일을 하며 아이들을 소홀히 하는 것보다 사무실에서 마무리 짓는 것이 더 낫다. 가정은 당신이 당신 자신이 될 수 있는 공간이어야 한다.

- ***미리 계획하라.*** 주중에 여행을 할 때는 이것이 가장 중요한 규칙이다. 금요일 밤에 공항에서 집으로 돌아오는 와중에 주말에 무언가 할 일을 찾을 수 있다고 기대하지 말라. 당신이 다른 곳에 가 있으면 다른 사람들의 관심 밖에 있게 되며, 특히 당신이 독신일 때는 더욱 그러하다. 좋은 책을 읽는 것말고 다른 재미있는 일을 하고 싶다면 미리 계획을 세워 두어야 한다.

규칙을 세우면 모든 사람이 무엇을 기대해야 할지 알게 되는 커다란 이점이 있다. 당신의 상사, 배우자, 아이들, 그리고 당신 자신도 그것을 알게 된다. 물론 때로는 이런 기본적인 규칙조차 지키는 것이 쉽지 않을 수 있다. 당신에게 중요한 것이 "고객, 회사, 그리고 자신"이라면, 때로는 직장 생활을 우선에 두어야 한다.

5부

맥킨지 이후의 삶

전에 맥킨지에서 일했던 어떤 사람이 나에게 말했듯이, 맥킨지를 떠나는 것은 그렇게 할 것이냐 말 것이냐의 문제가 아니라 시기의 문제이다. 맥킨지에서는 대개 신입컨설턴트들의 설반 가량이 2년쯤 후에 회사를 떠난다. 내가 근무할 당시에도 그랬고, 지금도 대개는 그렇다.

그러나 맥킨지 이후에도 삶은 있다. 사실은 더 많은 삶이 있을 수도 있다. 왜냐하면 다른 곳에서는 아마도 그렇게 오랜 시간을 그렇게 치열하게 근무하지는 않을 것이기 때문이다. 그러나 대다수의 전직 맥킨지 직원들은 자기 발로 독립을 한다. 맥킨지의 동창생 명부를 대충 훑어봐도 유명한 대표이사, 고급 관리자, 대학 교수, 그리고 정치인들이 수두룩하다.

이들 동창들 모두가 맥킨지에서의 추억, 그곳에서 배운 교훈, 그리고 이런 저런 사건들을 기억한다. 이들이 고객들에게 영향을 끼친 것 못지 않게 회사로부터 이들 또한 많은 영향을 받았다. 나는 마지막으로 이런 기억들 가운데 일부를 여러분과 나누려 한다.

20
가장 소중한 교훈

맥킨지에 들어가는 모든 사람은 조금씩 다른 인상을 갖고 회사를 떠난다. 대부분의 전직 맥킨지 직원들이 회사에 대해 상당히 복합적인 견해를 갖고 있지만, 그래도 모두가 그곳에서 중요한 교훈들을 배웠다고 얘기한다.

나는 이 책을 쓰면서 두 가지 목표를 갖고 있었다. 하나는 맥킨지와 맥킨지 사람들을 그렇게도 성공적인 기업과 사람들로 만든 기술과 비결을 나름대로 제시하는 것이었다. 그리고 다른 하나는 맥킨지에서 맥킨지 사람들과 함께 일하는 것이 어떤 것인지 외부인들에게 알려주는 것이었다. 이제 여기까지 책을 읽은 여러분이 그 두 가지를 모두 알게 되었으면 좋겠다.

책의 마지막 부분에 도달하면서 나는 내가 함께 얘기했던 모든 전직 맥킨지 직원들에게 물었던 질문에 대한 답을 여러분과 나누고 싶었다. 즉, "당신이 맥킨지에서 배운 가장 소중한 교훈이 무엇인가?" 이 중에서 일부는 여러분이 이 책에서 이미 보았던 내용들이다. 그리고 다른 일부는 가르칠 수는 없고 오직 직접 체험을 통해 배울 수 있는 것들이다. 다음에 드는 것은 전직 맥킨지 직원들이 맥킨지 시절을 회상할 때 자신들이 그 경험을 통해 배웠다고 생각하는 소중한 교훈들이다.

* * *

언제나 당신의 충일성(integrity)을 보존하라. 직장 생활을 하다 보면 온갖 회색지대에 다다르게 된다. 그럴 때마다 늘 가장 높은 길(the High Road)을 택하라. 흔히 얘기하는 〈월스트리트 저널〉 시험을 해 보라. 당신이 그 신문의 1면에 난 기사화된 당신의 행동을 읽으면서도 편안함을 느낄 수 있다면, 그때는 좋은 것이다. 그렇지 않으면, 그때는 당신은 윤리적 영역을 건드리고 있는 것이다. 그것을 거부하라.

— 에릭 하츠, 애틀랜타/워싱턴/파리 사무소, 1986-1995년
현재 애틀랜타 소재 SFNB 은행의 행장

* * *

컨설팅은 어느 모로 보나 전문 직업이다. 고객의 이익을 우선에 두는 것이 성공적인 고객 서비스의 핵심이다. 그렇게

하려면 전문 직업인의 객관성을 견지해야 한다. 나는 그런 자세를 유지함으로써 고객이 자신이 듣고 싶은 것을 들을 수 없을 때나, 고객이 나와 함께 일하고 싶지 않아 협조를 거부했을 때 나의 입장(ground)을 지켜낼 수 있었다. 그리고 나로 하여금 무엇을 해야 고객에게 정말로 가치를 창조하는 것인지에만 사고를 집중할 수 있도록 했다.

— 제프 사카구찌, LA 사무소, 1989-1995년
  현재 앤더슨 컨설팅의 파트너로 근무

* * *

자원을 집중시키고 계층구조를 제거하면 훌륭한 의사 결정이 나온다. 맥킨지의 고객들은 중요한 변화를 추진할 때 그들을 이루어 내는 데 애를 먹었다.

— 전에 클리블랜드 사무소에서 EM으로 근무

* * *

개인적으로, 내가 배운 가장 소중한 교훈은 겸손이다. 나는 성공에 성공을 거듭한 기록을 갖고 24세의 나이에 신입컨설틴트로 맥킨지에 입사했나. 그런데 생애 처음으로 나보다 더 유능하고 훌륭한 사람들과 일을 하게 되었다. 직업적으로, 나는 문제들을 구조화해서 해결이 가능하게 하는 법을 배웠다. 맥킨지는 나에게 모든 문제에 해결책이 있음을 가르쳤다. 그것이 완벽하지 않을 수는 있지만, 그것을 통해 올바른 방향으로 나아갈 수 있을 것이다.
— 웨슬리 샌드, 시카고 사무소, 1993-1996년

* * *

나는 어떤 한 가지를 지적할 수는 없다. 그것은 문제해결과 관련이 있다. 그러니까 아무리 어려워 보이는 문제라도 그것을 이루고 있는 구성요소들로 나누어서 해결할 수 있다는 생각이다. 한 가지를 더 얘기하면 이 세상에 완전히 새로운 것은 하나도 없다는 점이다. 우리가 무엇을 하건 누군가 이미 그것을, 적어도 그것과 비슷한 것을 한 적이 있다. 그 사람을 찾아라.
— 수잔 토시니, 뉴욕/카라카스 사무소, 1990-1995년
  현재는 프레디 맥에서 중견 관리자로 근무

* * *

단일 회사라는 개념. 스타는 없고 성과에 따른 승진만 있다. 이런 문화는 맥킨지에서 아주 강력하다. 그리고 나는 그것이 다른 조직에서도 이루어질 수 있다고 생각한다. 나는 그것을 내 조직에서 시행하고 있다.
— 그레샴 브레바흐, 뉴욕 사무소에서 DCS로 근무
  지금은 넥스테라의 대표이사 사장

* * *

실천이 가장 중요하다. 최종 보고서는 단지 하나의 보고서에 불과하다. 변화를 실제로 만들어 내는 것이 가장 중요한 일이다.
— 뉴욕 사무소에서 EM으로 근무

* * *

내가 배운 것은 비즈니스에서의 정직과 충일성을 높이 평가하는 것이다. 맥킨지는 늘 이 점을 직원들에게 주지시킨다.
— 헤미시 맥더멋, 뉴욕 사무소, 1990-1994년
지금은 월가의 투자 은행에서 중견 관리자로 근무

* * *

최종 결과를 두려워하지 말라. 많은 변화를 일으킨다. 최종 결과를 만들어 내라.
— 뉴욕 사무소에서 컨설턴트로 근무

* * *

애매한 상황에 지면할 때에는 그것을 구조화하라.
— 크리스틴 애슬리슨, 뉴욕 사무소, 1990-1993년
지금은 실리콘 밸리에서 근무

* * *

내가 얘기하는 어떤 것도 너무 냉소적일 것 같다.
— 런던 사무소에서 컨설턴트로 근무

* * *

나는 많은 예산보다는 똑똑한 사람들과 일을 하고 싶다. 똑똑한 사람들이 더 빨리 결과를 만들어 낸다.
— 뉴욕 사무소에서 컨설턴트로 근무

* * *

여러분은 아마 내가 배운 가장 소중한 교훈이 무엇인지 알고 싶을 것이다. 오랫동안 곰곰이 생각한 결과, 마침내 이런 결론을 내리게 되었다.

효과적인 의사소통에 방해가 되는 것은 무엇이나 조직에 끔찍한 해가 된다. 불분명한 사고, 현란한 수사, 경직된 계층, 그리고 '예스맨'이 되는 것 — 이런 것들이 고객들에게 가치를 창조하는 데 방해가 된다. 구조화된 사고, 분명한 언어, 때로는 상관과 의견을 달리할 수 있는 성과주의, 그리고 직업적인 객관성 — 이런 것들이 조직과 조직인들이 최대로 능력을 발휘하게 만든다. 물론 맥킨지에는 이것을 가리키는 단어가 있다. 그것은 '프로 정신(professionalism)'이라 불린다.
— 에단 라지엘, 뉴욕 사무소, 1989-1992년

21
맥킨지에 대한 회상

맥킨지는 전직 직원들에게 생생한 기억을 남긴다. 다음에 그 대표적인 것들을 들어 본다.

THE McKINSEY WAY

나는 전직 맥킨지 직원들에게 가장 소중한 교훈뿐만 아니라 가장 기억에 남는 것도 물어보았다. 이들의 얘기를 들어 보면 맥킨지 동창들이 많은 추억을 간직하고 있음을 알 수 있다. 하지만 그 중에서 가장 중요한 것들은 맥킨지를 오늘의 회사로 만든 사람들과 관련이 있다.

내가 기억하는 것은 정보와 분석에 있어서의 엄격한 기준, 모든 권고사항의 검증과 재검증, 그리고 고객과 회사 내부에서 수행하는 높은 수준의 의사소통이다.
― 보스턴과 뉴욕 사무소에서 컨설턴트로 근무한 사람

* * *

내가 기억하는 것은 맥킨지 사람들에게서 보여지는 높은 성과 기준과 탁월함을 향한 그들의 끊임없는 노력이다. 이런 것은 다른 곳에서는 쉽게 찾을 수 없을 것이다. 맥킨지에는 이런 식으로 얘기한다. 즉, "문제가 있으면 우리에게 필요한 자원만 주시오. 그러면 우리가 가서 그것을 해 내겠오." 반면에 다른 곳에서는 이렇게 얘기한다. "그 일은 해결될 수 없소." 이런 태도는 맥킨지에서 용납되지 않는다.

―제이슨 클라인, 뉴욕 사무소, 1989-1993년
  지금은 전문 잡지사의 사장

내가 기억하는 것은, 그리고 내가 제일 좋아했던 것은, 팀에 의한 문제해결 방식이다. 나는 매우 똑똑한 사람들로 이루어진 작은 그룹 속에서 사고하는 힘을 마음껏 즐겼다.
— 에이브 블라이버그, 워싱턴 DC 사무소, 1990-1996년
　지금은 골드만 삭스의 이사

* * *

구조, 구조, 구조. MECE, MECE, MECE. 가설에 의한, 가설에 의한, 가설에 의한 접근.
— 뒤셀도르프와 샌프란시스코 사무소에서 근무한 컨설턴트

* * *

나는 특히 그곳에서 함께 일한 사람들과 좋은 기억을 갖고 있다. 맥킨지에는 다른 곳에서 찾을 수 없는 우수하고 똑똑하고 열성적인 사람들이 많이 있다.
— 헤미시 맥더멋

* * *

맥킨지가 채용해서 보유하고 있는 사람들의 우수성. 비단 컨설팅 부문에만 국한된 이야기가 아니다.
— 뉴욕 사무소에서 컨설턴트로 일한 사람

그곳의 사람들. 대체적으로 그들은 똑똑하고 함께 일하는 것이 즐겁다.
— 뉴욕 사무소에서 EM으로 근무한 사람

* * *

직원들의 평균적인 지적 능력. 풋내기 신입컨설턴트부터 가장 고참인 디렉터까지. 그리고 직위에 관계없이 쉽게 접근할 수 있는 사람들.
— 그레쉬 브레바흐

* * *

전체적인 분위기. 내가 가장 그리워하는 것은 그곳의 구내식당이다. 그것은 음식 때문이라기보다 함께 환담할 수 있는 분위기 때문이다.
— 런던 사무소에서 컨설턴트로 일한 사람

* * *

사람들의 자질. 업계의 평균적인 직원들은 맥킨지의 가장 우수하지 못한 사람들보다 훨씬 더 못하다.
— 웨슬리 샌드

사람들. 회사는 물론 고객 기업들에서 만나게 되는 다양한 사람들. 맥킨지의 컨설턴트들은 고객 서비스에 헌신하고 고객들이 요구하는 것에 관심을 기울이는 공통점이 있다.
― 수잔 토시니

* *ᆞ*

책을 쓰는 저자가 가진 한 가지 이점은, 적어도 자기 분야 안에서는, 마지막 발언을 할 수 있다는 것이다. 나는 지금까지 내 경험과 전직 맥킨지 직원들의 경험에서 비롯된 사례들을 통하여 이 책의 핵심 사항들을 보여주려 노력했다. 나는 마지막 이야기로서 그보다 약간 더 오래 전의 이야기를 하려 한다.

고대 이스라엘에서 어느 날, 어떤 이방인이 위대한 랍비 샤마이를 찾아와 이렇게 얘기했다. "내가 한쪽 발로 서 있는 동안 궁극적인 진리를 가르쳐 주시오." 샤마이는 비록 위대한 학자였지만 인내심은 많지 않았다. 그가 그 이방인을 무례하다고 꾸짖으면서 쫓아보냈다. 그래서 그 이방인이 이번에는 샤마이의 학문적 라이벌인 랍비 힐렐에게 가서 같은 얘기를 했다. 힐렐은 즉시 그 사람에게 한쪽 발로 서라고 얘기했다. 그 이방인이 힐렐의 서재에서 균형을 유지하는 동안, 힐렐이 그 사람에게 이런 말을 했다. "남에게서 대접받고자 하는 대로 남을 대접하라. 나머지는 모두 그것에서 비롯된다. 가서 직접 체험해 보라."

이 이야기가 맥킨지라는 회사와 새로운 천년을 앞에 둔 당신의 직업 생활과 어떤 관련이 있는가? 나는 절대로 힐렐이 아니며, 맥킨지 방식은 성경 속의 가르침이 아니다. 그렇기는 해도 이 이야기에는 본질적인 핵심이 담겨 있다. 다소 비유적으로 얘기하자면, 사실에 근거한 구조화된 사고가 직업적인 충일성(integrity)과 결합될 때 당신은 비즈니스상의 목표를 달성할 수 있다. 나머지는 모두 그것에서 비롯된다. 가서 배워라.

찾아보기

ㄱ

가장 소중한 교훈 209
간결성 150, 157
    차트에 있어 148
    핵심 요인 57
감사 편지 124
개인의 삶을 누리기 203
게니치 오마에 13, 79
경청(인터뷰를 할 때) 111
계산의 제곱 법칙 58
계층 구조
    내에서 상사의 체면 살려 주기 97
    를 관리하는 적극적인 전략 98
고객 17, 127, 135, 163
    과의 사전조율 144
    과의 약속 81
    의 독특한 성격 40
    최우선주의 210
고객 기업의 독특함을 고려하기 44
고객 팀 163, 186
    으로부터 동의를 끌어내기 172
    의 목표 165
    의 '짐' 되는 팀원 167
    의 참여 170
    철저한 실행에 대해 173
골칫거리는 사전에 제거하는 기술 135
구조
    메시지 작성에 있어 159
    초기 가설의 구조화 31
    프리젠테이션에 있어 140
기타 항목 27
까다로운 인터뷰 120

ㄴ

누설 42

ㄹ

랍비 힐렐 219

ㅁ

매일 차트 만들기 63
맥킨지 기업 문화 14, 148, 161
맥킨지 분기별 보고서 79
맥킨지가 좋아하는 '3'이라는 숫자 21
맥킨지에 대한 회상 215
맥킨지에서 살아 남기 177
    원칙에 대하여 203
    후견인(mentor) 찾기 179
    좋은 비서의 중요성 193
    방식의 직원 선발 197
    출장 여행을 이겨내기 183
맥킨지에서 일하며 배운 교훈들 209
맥킨지의 명령 체계 95
맥킨지의 신음 111
메시지 114, 139, 157
메시지의 간결함 159
모범 사례 106
모임 21, 52, 62, 64, 157
모임에 있어서의 리더 91, 157
문제 해결
    고객의 독특함에 대하여 40
    까다로운 문제의 경우 48
    문제의 성질 규명 46
    을 위한 접근 방식의 개발 35
    분석틀 38

유연한 자세 42
이미 있는 것의 활용 38
초기 가설 28
문제의 재규정 36, 50

ㅂ

바다를 끓이러 들지 말기 56
반복하여 확인하기(인터뷰에서) 115
백판(whiteboard) 127
버섯 재배 방식형 관리 156
보안 160
분석력 199
분석틀 38
브레인스토밍 127
　을 위한 연습 135
　을 위한 준비 129
　의 규칙들 131
비공식적 영업활동 80
비서의 역할 193
비현실적인 기대감의 조성 81
빌 클린턴식 접근법 93

ㅅ

사례 면접 199
사실 22
　에 근거하여 해결책으로 21
　의 중요성 22
상사
　를 통한 인터뷰 주선 98~100
　와의 의사 소통 98
　의 체면을 살려 주기 97
샌드백 유형의 사람들 122
손이 닿는 곳에 달린 열매부터 따기 61
손익계산서 152
　경쟁 업체에 대한 추정 73

신뢰를 유지시키는 법 124
신뢰를 이어주는 다리(gap) 181
신체 언어 112
실패한 프로젝트 91
실행 가능한 해결안 31

ㅇ

"아는 바 없다"고 말하기 72
"아는 바 없다"는 것을 거부하기 72
안건
　과 고객의 참여 170
　회합 170
안타를 노리기 65
어려운 문제의 해결 68
업계 동향 30
엘리베이터 테스트 59
여행 도구 190
여행을 위한 의복 190
여행을 위한 개인 용품 191
연구·조사
　를 현명하게 하는 법 104
연차보고서 105
오락 168
외부환경 분석(Force at Work) 38
우연한 만남 158
〈월스트리트 저널〉 시험 210
육감(get instinct) 22
이미 있는 것을 활용하기 38, 102
이슈 트리 32~33
인터넷 101, 102
인터뷰 107
　가 끝난 뒤 감사 편지 작성 124
　경청한 뒤 인도하기 111
　까다로운 경우 120
　를 위한 7가지 요령 114

를 위한 준비(가이드 작성) 109
피면접자의 불안 118
인터뷰에서 열린 질문하기 115
일과 가정을 분리시키기 204

ㅈ

자원을 집중시키기 170, 216
전문 직업인의 객관성 견지 211
정보 모으기 102~103
정보의 흐름 98, 115, 156
정신적 스승(후견인)을 찾기 179
정직 70
조직 내 커뮤니케이션 155
  과 보안 160
  과 정보의 흐름 156
  효과적인 내부 커뮤니케이션의 세 가지 비결 158
조직 내 파벌 싸움 91
존경
  다른 이들을 대할 때 89
  팀원들에 대한 92
준비
  고객의 준비 144
  브레인스토밍을 위한 129
  인터뷰를 위한 109
중압감이 심한 조직에서 살아남기(맥킨지에서 살아남기 참고) 179, 183, 189, 193
'직급의 힘'을 사용하기 122
직원 선발
  응시자의 분석적 사고 능력 199
  응시자의 적성 201
  필요한 자원과 비용의 할당 198
질문
  열린 방식의 115
  인터뷰 가이드 준비에 있어서 109
짐이 되는 팀원 다루기 167

ㅊ

차트 147
  단순(간결)함 148
  매일 작성하기 63
  Waterfall 차트 151
차트에 표제 달기 149
초기 가설(IH) 28
  의 검증 33
  의 도출 30
  의 설정 28
최상의 모범 사례 106
최종 성과물 69
출장 여행 183
  만나는 사람을 존중하는 마음으로 대하기 186
  적절한 습관의 유지 184
  중의 소일거리(오락) 191
  의 계획 185
  필요한 도구들 190
침묵 113

ㅋ

커뮤니케이션
  조직 내부 커뮤니케이션 155
큰 그림 보기 68

ㅌ

《탁월함을 찾아서(*In Search of Excellence*)》 14, 79
톰 피터스 14, 79
팀
  "짐"이 되는 팀원 167
  고객 팀 163
  맥킨지의 팀 85

철저한 시행에 대하여 173
팀 구성에 대하여 87
팀 내 결속 89
팀의 동의(수용)를 이끌어 내기 172
팀의 목표 설정에 대하여 165
팀의 사기를 재는 법 91
팀의 참여 163

ㅍ

파트너(Partner) 13, 18, 16, 78~80, 95, 180, 194
프로 정신 70
프로젝트
   를 위한 팀 구성 85
   의 설계 81
   의 첫날 22
프로젝트를 파는(sell) 법
   고객과의 약속 165
   고객팀과 일하기 163
   비공식적 영업 활동 78~81
   차트의 이용 147
   프리젠테이션 139
프록터&갬블 60
프리젠테이션 139
   고객을 준비시키기 144
   구조화에 대하여 140
   완벽주의적 접근 141
피면접자의 불안 118

ㅎ

해결책의 실행 44
해결책의 조직 전반으로의 확산 172
핵심 요인(key driver) 57
형사 콜롬보 전술 117

휴식 65, 134, 142~143
   을 위한 하루 185

숫자/영문

80대20 원칙 53~56
Associate 18
AT&T 85
DCS 15, 18, 96, 159
ED 18
   맥킨지 계층구조에서의 역할 95~100
   브레인스토밍에 있어서의 역할 127
   후견인으로서 181
   팀 선택에 대하여 169
   프로젝트를 설계하기 81~82
   프리젠테이션에 있어 143
   Associate로 팀 구성하기 87~88, 89
EM 18
   맥킨지 계층구조에서의 역할 95~100
   브레인스토밍에 있어 127
   팀 선택에 대하여 157
   팀의 사기 유지 91, 93
   프리젠테이션에 있어 141, 145
   Associate의 선택 87, 88
MECE 24~27
PD 99, 102
PDnet 102~103 127
Post-it 활용 135
SEM 18, 22, 30, 40, 89, 132
Waterfall 차트 151